Sonya Renee Taylor

YOU GO, GIRL!

Sonya Renee Taylor

YOU GO, GIRL!

Der ultimative Pubertätsratgeber für selbstbewusste Mädchen

mvgverlag

Bibliografische Information der Deutschen Nationalbibliothek
Die Deutsche Nationalbibliothek verzeichnet diese Publikation in der Deutschen Nationalbibliografie. Detaillierte bibliografische Daten sind im Internet über http://d-nb.de abrufbar.

Für Fragen und Anregungen
info@mvg-verlag.de

Wichtiger Hinweis
Dieses Buch ist für Lernzwecke gedacht. Es stellt keinen Ersatz für eine individuelle medizinische Beratung dar und sollte auch nicht als solcher benutzt werden. Wenn du medizinischen Rat einholen willst, frage bitte einen qualifizierten Arzt um Rat. Der Verlag und der Autor haften für keine nachteiligen Auswirkungen, die in einem direkten oder indirekten Zusammenhang mit den Informationen stehen, die in diesem Buch enthalten sind.

1. Auflage 2022

Türkenstraße 89
D-80799 München
Tel.: 089 651285-0
Fax: 089 652096

Übersetzung: Claudia Weiß
Redaktion: Ulrike Reinen
Umschlaggestaltung: Manuela Amode, dem Original nachempfunden
Umschlagabbildung und Abbildungen im Innenteil: © Cait Brennan, 2018
Satz: Satzwerk Huber, Germering
Druck: Florjancic Tisk d.o.o., Slowenien
Printed in the EU

ISBN Print 9783747404119
ISBN E-Book (PDF) 978-3-96121-802-8
ISBN E-Book (EPUB, Mobi) 978-3-96121-801-1

Wir produzieren nachhaltig
www.m-vg.de

Dieses Buch widme ich meiner Cousine Nyah.
Mögest du, und alle Mädchen, in einer Welt
aufwachsen, in der ihr eure wunderbaren Körper
feiern könnt, ohne euch dafür rechtfertigen zu müssen!

ENTDECKE
DICH SELBST!

INHALT

VORWORT

Es gibt nur wenige Sicherheiten im Leben und eine davon ist der Wandel! Überall auf der Welt gibt es gerade Veränderungen, und sie finden auch genau in diesem Augenblick in unserem Körper statt.

Sonya Renee Taylor hat ein Buch für junge Mädchen geschrieben, die während der Pubertät Veränderungen an ihrem Körper erleben. Oft sind Gespräche und Texte darüber ziemlich trocken und langweilig – aber nicht in diesem Buch!

In *You Go, Girl!* findest du alle wichtigen biologischen Informationen zur Pubertät. Hier werden sie kombiniert mit einem neuen Verständnis der fantastischen Veränderungen, die dein Körper während dieser Zeit erlebt. Sonya beantwortet Fragen, von denen du gar nicht wusstest, dass sie dich beschäftigen, und Fragen, die du vielleicht hast, aber nicht weißt, wie du sie stellen sollst. Du wirst erfahren, was du tun kannst, wenn du diejenige bist, die schneller wächst als alle anderen, zu wem du gehen kannst, wenn du Angst vor den Veränderungen hast, und wie du dich auf deine erste (oder zehnte) Periode vorbereiten kannst. Sonya verwendet dabei eine Sprache, die jeder verstehen kann; sie verurteilt nicht und gibt Selbstzweifeln keine Chance.

Sonya hat eine Bewegung ins Leben gerufen, die sich nicht für irgendeinen Körper einsetzt, sondern für alle Körper! Sie hat große Träume und macht sich dafür stark, dass jede(r) Einzelne von uns erkennt, dass es nicht falsch sein kann, mit dem ganzen Körper ganz man selbst zu sein. Und sie hat dieses Buch geschrieben, um dir zu helfen, die Veränderungen in deinem Körper zu verstehen und dir Strategien anzubieten, wie du damit positiv umgehen kannst. Eltern, Betreuerinnen und Mädchen werden Sonyas bestärkende Stimme erkennen, wenn sie uns daran erinnert, dass diese manchmal verwirrende – aber immer aufregende – Zeit dir gehört und dass du sie genießen kannst!

Bianca I. Laureano, M.A., Sexualpädagogin

Ausgezeichnete Pädagogin für reproduktive Gesundheit

EINLEITUNG

Weißt du was? Ich werde jetzt ein streng gehütetes Geheimnis mit dir teilen. Bist du bereit? Okay, hier ist es … Du hast einen Körper! Und es ist nicht nur irgendein Körper – es ist ein fantastischer Körper! Woher ich das weiß? Weil *alle* Körper fantastisch sind und das sollte eigentlich kein Geheimnis sein. Jedes Mädchen sollte es vom höchsten Berggipfel rufen: »Hallo Welt, *mein Körper ist fantastisch!*«

Und als stolze Besitzerin eines fantastischen Körpers ist dir vielleicht schon aufgefallen, dass sich dieser verändert. Veränderungen können etwas Wunderbares sein, aber manchmal sind sie auch ein wenig verwirrend. Wenn wir älter werden, verändert sich nicht nur unser Körper, sondern auch unsere Gefühle und unsere Beziehungen. Angesichts all dieser Veränderungen ist es völlig normal, wenn du Fragen hast.

Dieses Buch will dir helfen, Antworten auf einige Fragen zu finden, die du dir stellst, wenn sich dein wunderbarer Körper verwandelt, und die dich vielleicht verunsichern.

Falls es dir noch nicht aufgefallen ist: Ich spreche voller Begeisterung über deinen Körper. Vielleicht kommt dir das etwas merkwürdig vor. Der Grund dafür liegt darin, dass ich es liebe, Menschen dabei zu helfen, ihren Körper zu mögen. Das hat angefangen, als ich mit 15 Jahren Tutorin wurde und meinen Klassenkameraden und -kameradinnen und anderen Teenagern dabei half zu lernen, wie sie gute Entscheidungen in Bezug auf ihren Körper treffen können. Viele Jahre lang habe ich in Berufen gearbeitet, in denen es darum ging, Menschen zu bestärken, ein gesünderes Leben zu führen. Vor einigen Jahren gründete ich dann ein Unternehmen mit dem Namen *The Body Is Not An Apology* (Der Körper braucht keine Entschuldigung), bei dem es darum geht, den eigenen Körper zu lieben und eine Welt zu schaffen, in der alle das haben, was sie brauchen, um ihr bestes Leben zu leben. Ich arbeite jeden Tag daran, die Menschen auf der ganzen Welt daran zu erinnern, dass jeder Körper seine eigene Magie besitzt!

Seit der Gründung meines Unternehmens haben Menschen im Alter von 8 bis 88 Jahren mit ganz unterschiedlichen Körpern an meinen Workshops über

Selbstliebe teilgenommen. Große und kleine Menschen, Menschen mit breiten und schlanken Körpern, mit körperlichen Behinderungen, mit unterschiedlichen Hautfarben – so viele tolle Körper. Keiner von ihnen war wie der andere, aber jeder war auf seine Art wunderschön und stark. Mittlerweile haben Millionen von Menschen die Webseite *The Body Is Not an Apology* besucht und sich dafür entschieden, ihren Körper so zu lieben, wie er ist. Ich hoffe, dass du dich nach der Lektüre dieses Buches bereit fühlen wirst, genau das Gleiche zu tun.

Weißt du, warum die Menschen Angst vor der Dunkelheit haben? Weil sie nicht sehen können, was passiert. Du solltest nicht im Dunkeln tappen, wenn es um die Pubertät geht oder darum, wie sich dein Körper in den nächsten Wochen, Monaten und Jahren verändern wird. Wissen ist Macht, und wenn du alles über die Veränderungen in deinem Körper weißt, wirst du zur Expertin für deinen Körper. Ich weiß, dass du dieses Buch in die Hand genommen hast, um selbst etwas über die Pubertät herauszufinden. Aber wenn du etwas liest, was du nicht verstehst oder worüber du mehr wissen willst, rate ich dir dringend, dich mit deinen Fragen an einen Erwachsenen zu wenden, dem du vertraust. Du bist ein wunderschönes, starkes und kluges Mädchen, das selbstbewusst mit ihrem Körper und ihrem Leben umgeht. Die Pubertät ändert daran nichts. Sie bietet dir eher die Chance, dich noch selbstbewusster und stärker in deinem Körper zu fühlen. Warum? Weil du zur Expertin für die Genialität deines Körpers wirst!

In diesem Buch verwende ich das Wort »Mädchen«, um das Geschlecht der Menschen zu beschreiben, von denen ich annehme, dass sie es lesen. Das Wort »Mädchen« mag sich nicht wie das richtige Wort anfühlen, um dich zu beschreiben. Vielleicht fühlst du dich eher wie ein Junge oder manchmal wie ein Junge und ein Mädchen. Das ist okay! Du musst dich nicht wie ein Mädchen fühlen, um dieses Buch zu lesen und zu erfahren, wie dein einzigartiger Körper funktioniert. Die Informationen auf diesen Seiten werden dir helfen, deinen Körper zu verstehen, auch wenn das Wort »Mädchen« nicht so recht passt. Beim Lesen kannst du es einfach durch ein anderes Wort ersetzen, das sich für dich und deinen Körper gut anfühlt.

In diesem Buch werden einige wichtige Fragen beantwortet, die du dir wahrscheinlich zur Pubertät und den damit verbundenen Veränderungen stellst. Wir fangen damit an, was die Pubertät eigentlich ist und was den Übergang zum Erwachsensein ankündigt. Als Nächstes geht es um die körperlichen Veränderungen, die während dieser Zeit auf dich zukommen: die kleineren (woher kommen denn diese Haare?) und dann die größeren wie Brustentwicklung und Menstruation. Du erfährst auch, wie du mit den Themen Gesundheit, Wohlbefinden, Privatsphäre und Gefühle umgehen kannst. In jedem Kapitel geht es um die Veränderungen, die du vielleicht an dir bemerkst, und ich werde dir Tipps geben, wie du am besten für dich sorgen kannst, wenn es so weit ist. Das Glossar am Ende des Buches wird dir helfen, Begriffe zu verstehen, die neu für dich sind.

Die Pubertät ist eine aufregende Zeit, die viele neue Möglichkeiten bietet, deinen Körper noch besser zu verstehen. Wenn du über die richtigen Informationen verfügst, hast du alles, was du für den Übergang ins Erwachsenenalter brauchst, und du kannst sicher sein, dass dein unglaublicher Körper dir dabei hilft, ein fantastisches Leben zu führen!

WERDE ZUR EXPERTIN FÜR DEINEN KÖRPER!

1

DU BIST FANTASTISCH!

Du bist ein begabtes, selbstbewusstes Mädchen. Woher ich das weiß? Weil du so auf die Welt gekommen bist. Alle Mädchen – egal, wie sie aussehen – sind stark und haben alles, was sie brauchen, um fantastische Erwachsene zu werden. Die Pubertät wird vieles an deinem Körper verändern, aber sie sollte nichts an deiner Überzeugung ändern, dass du ein großartiger Mensch bist! Hier erfährst du alles, was du über die Pubertät wissen musst.

WAS IST DIE PUBERTÄT?

Manche Erwachsene stellen die Pubertät wie einen dramatischen Film dar, in dem Mädchen die Hauptrolle spielen. Hast du schon einmal einen Film gesehen, in dem die Mutter eine Bemerkung über den Körper ihrer Tochter macht, die nicht gerade nett ist, woraufhin die Tochter aus dem Zimmer stürmt oder in Tränen ausbricht? Großes Drama!

Auch wenn du momentan vielleicht intensive Momente erlebst, ist die Pubertät definitiv kein Filmdrama. Sie ist ein natürlicher Teil der körperlichen Entwicklung. *Alle* durchleben sie. Stell sie dir lieber wie eine aufregende Zugfahrt vor, nicht wie einen hochdramatischen

Abenteuerfilm. Wenn du weißt, wohin du fährst, kann die Pubertät eine wunderbare Reise sein – die perfekte Zeit, um all die genialen Dinge, die dein Körper auf seinem Weg zum Erwachsensein tun wird, wahrzunehmen und etwas darüber zu erfahren.

Was bedeutet »Pubertät«?

Die Pubertät ist definiert als »das Alter oder der Zeitraum, in dem der Körper eines Jungen oder eines Mädchens reift und fortpflanzungsfähig wird«. Fortpflanzung – ein Baby bekommen – ist eine Sache für Erwachsene. Die Pubertät bedeutet nicht, dass du bereit für ein Baby bist, aber es ist die Zeit, in der sich dein Körper entwickelt und wächst, um eines Tages diese Aufgabe für Erwachsene bewältigen zu können. Pubertät nennt man den Prozess, in dem dein Körper beginnt, vom Kind zum Erwachsenen zu werden. Das klingt zwar nach einer großen Sache – und das ist es auch! –, aber es gibt keinen Grund zur Sorge, denn die Pubertät kommt nicht über Nacht. Vielleicht hast du schon erste Veränderungen an deinem Körper bemerkt, aber die Pubertät ist ein Vorgang, der mehrere Jahre lang dauert. Dein Körper gibt dir viel Zeit, um dich daran zu gewöhnen und die Reise zu genießen.

Was dich erwartet

Bei den meisten Mädchen beginnt die Pubertät im Alter von acht oder neun Jahren und dauert in der Regel bis zum Alter von etwa 16 Jahren. Bei manchen Mädchen beginnt sie etwas früher, bei manchen später. Jedes Mädchen hat einen anderen Körper. Die Pubertät wird zum richtigen Zeitpunkt für dich beginnen.

Sie bringt viele Veränderungen mit sich – manche sind klein und leicht zu bewältigen, andere wiederum fühlen sich riesig an. Denk daran, dass dein Körper wirklich schlau ist. Er weiß genau, was er tun muss, damit du erwachsen wirst. Hier sind einige der Veränderungen beschrieben, die du während der Pubertät erwarten kannst:

Chemische Vorgänge

Sobald du in die Pubertät kommst, beginnt dein Körper, neue Hormone freizusetzen – biochemische Botenstoffe, die helfen, all die Veränderungen in Gang zu setzen, die du während dieser Zeit erlebst.

Alles beginnt zu wachsen

Eine der ersten Veränderungen, die du vielleicht bemerken wirst, ist, dass dein Körper wächst – manchmal viel schneller, als du es gewohnt bist. Du kannst größer, kurviger oder runder werden, vor allem an den Hüften und Beinen. Das hängt ganz von deinem Körper ab.

Brustentwicklung

Auch die Entwicklung der Brüste gehört zu den wichtigsten Veränderungen während der Pubertät. Wie schnell deine Brüste wachsen und wie groß sie werden, ist ein weiterer Teil deiner Reise, der einzigartig ist. Brüste gibt es in allen möglichen Formen und Größen. Oft wächst eine Brust schneller als die andere. Du kannst große oder kleine Brüste bekommen, beides ist gut. Es gibt keine Brustgröße, die besser ist als eine andere. Egal, ob deine Brüste sehr schnell wachsen oder ob sie sich Zeit lassen – ihr Timing wird genau richtig für deinen Körper sein!

Überall Haare!

Du wirst feststellen, dass dir an allen möglichen neuen Stellen Haare wachsen, zum Beispiel unter den Achseln und im Schambereich, vor allem auf dem Schamhügel – das ist der Bereich direkt unter dem Bauch. Die Haare, die im Genital- oder Intimbereich wachsen, nennt man Schamhaare. Wenn dir auffällt, dass die Haare an deinen Armen oder Beinen dichter und dunkler werden, mach dir keine Sorgen. Auch das gehört zur Pubertät dazu.

#1

♥ DU BIST NICHT ALLEIN! ♥

Während du dieses Buch liest, gibt es circa 899 000 000 Mädchen auf der Welt, die zwischen 0 und 14 Jahre alt sind. Das bedeutet, dass mindestens 300 Millionen Mädchen gerade in die Pubertät kommen. In dieser Sekunde macht ein Mädchen am anderen Ende der Welt genau die gleichen Erfahrungen wie du. Selbst auf unserem riesigen Planeten sind wir nie ganz allein.

Alles fließt

Während der Pubertät beginnt der Körper, neue Flüssigkeiten zu produzieren. Das kann dazu führen, dass deine Haut etwas fettiger wird (das ist oft die Hauptursache für Akne) und du vielleicht etwas mehr schwitzt als früher. Du bekommst später noch Tipps, wie du dich in der Pubertät frisch und sauber fühlen kannst, aber du solltest wissen, dass all diese Veränderungen genau dem entsprechen, was die meisten Mädchen auf ihrer Reise durch die Pubertät erleben.

Zu den wichtigsten Momenten in der Pubertät gehört der Beginn der Menstruation (das Einsetzen der Periode). In vielen Kulturen ist der Beginn der Periode eine ganz besondere und wichtige Zeit im Leben eines Mädchens. Für andere ist es nur eine weitere interessante Sache, die im Körper passiert. Manche Mädchen haben bei ihrer ersten Periode nur einige Tropfen Blut in der Unterwäsche. Wenn du eine stärkere Periode hast, ist das auch völlig normal. Das Blut kann hell- oder dunkelrot sein oder auch eine bräunliche Farbe haben. Da jeder Körper anders ist, ist auch die erste Periode nicht bei jedem Mädchen gleich.

Es kann sein, dass du vor oder zwischen zwei Monatsblutungen eine glasige oder weiße Flüssigkeit in deiner Unterhose bemerkst. Das nennt man Ausfluss, und auch der ist völlig normal. In den nächsten Kapiteln wirst du mehr darüber erfahren.

Alle Gefühle werden intensiver

Die Pubertät beeinflusst deinen Körper nicht nur äußerlich – auch innerlich geschehen interessante Dinge. Eine dieser Veränderungen hat mit deinen Gefühlen zu tun. Die Hormone, die dein Körper in dieser Zeit produziert, können deine Gefühle verstärken – und das zu einer Zeit, in der dir vielleicht mehr Verantwortung übertragen wird oder mehr von dir erwartet wird, weil du älter wirst. All diese neuen Erfahrungen in deinem Körper und in deiner Welt können zu starken Gefühlen führen. Wut, Traurigkeit, Frust und Müdigkeit gehören dazu, manchmal sogar alle am selben Tag. Sei nett und geduldig mit dir selbst. Dein Körper macht gerade eine außergewöhnliche Übergangsphase durch, also schenke dir selbst eine Extraportion Liebe.

Was ist normal?

Eine der häufigsten Fragen, die Mädchen angesichts all dieser Veränderungen während der Pubertät stellen, ist: »Hallo, ist das normal?« Hier ist die kurze Antwort auf diese Frage: Ja! Dein Körper erlebt in dieser wichtigen Zeit deines Lebens alle möglichen neuen Empfindungen und Funktionen. Es kann sich ungewohnt anfühlen, sehr schnell zu wachsen oder zu beobachten, wie sich deine Körperform verändert. Es kann auch sein, dass dir manche der Veränderungen, die mit der Pubertät verbunden sind, nicht gefallen. Das ist okay.

Die Veränderungen, die in deinem Körper passieren, sind zwar ähnlich wie bei anderen Mädchen in deinem Alter, trotzdem ist dein Körper etwas Besonderes, weil er allein dir gehört. Das bedeutet, dass deine Erfahrungen in der Pubertät deine eigene Normalität sein werden. Es ist sogar normal, anders zu sein! Je mehr du deinem Körper vertraust und auf ihn hörst, umso leichter wirst du merken, wenn etwas vor sich geht, was besondere Aufmerksamkeit erfordert. Wenn in deinem Körper zum Beispiel etwas wehtut oder sich unangenehm anfühlt, sprich am besten gleich mit einem vertrauten Erwachsenen darüber.

Jeder Körper ist großartig!

Die Künstlerin Glenn Marla sagt: »Es gibt keine falsche Art, einen Körper zu haben!«, und diese Worte sind absolut wahr. Egal, wie sich dein Körper während der Pubertät verändert, denk immer daran, dass er ein Geschenk ist und immer einzigartig sein wird.

♥ WORTE SIND WICHTIG! ♥

Vielleicht ist dir schon aufgefallen, dass in diesem Buch das Wort »schön« nicht oft vorkommt. Es gibt so viele schöne Dinge auf der Welt – Blumen, das Meer oder ein Sonnenuntergang in perfektem Rosa. Aber um zu beschreiben, was an einem Mädchen wundervoll ist, finden sich bessere Worte, die sich nicht nur auf ihr Aussehen beziehen. Hier ein paar Beispiele: Sie ist klug, freundlich, lustig, eine gute Freundin, eine fleißige Schülerin und eine großartige Muffin-Bäckerin. Alle diese Dinge sagen so viel mehr über dich aus als das Wort »schön«. Fallen dir ein paar perfekte Worte ein, um zu beschreiben, was dich fantastisch macht?

Natürlich wirst du deinen Körper nicht immer als Geschenk empfinden. Es wird auch Zeiten geben, in denen du dir schwierige Fragen stellst, wie zum Beispiel:

»Ist mein Körper auch dann noch großartig, wenn ich gefühlt einen halben Meter größer bin als der größte Junge in meiner Klasse?«

»Warum bin ich die Dickste in meiner Klasse?«

»Warum mag ich mich nicht so anziehen wie die anderen Mädchen? Ich trage lieber Baseball-Caps und mache Sport.«

»Warum fühle ich mich fremd, seltsam und anders?«

Auch in Zeiten, in denen du dich fehl am Platze fühlst, gilt: Du hast einen absolut unglaublichen Körper! Niemand anders kann so sein wie du, und genau dieses »Dusein« macht dich so besonders. Mädchen haben alle möglichen Formen und Größen, verschiedene Hautfarben und unterschiedliche Fähigkeiten – und kein Mädchentyp ist besser als ein anderer.

WACHSTUM UND VERÄNDERUNG

Bisher hat sich dein Körper in deinem ganzen Leben nur einmal so stark verändert wie jetzt … und damals hast du noch Babynahrung gegessen. Die Pubertät macht dich zwar noch nicht zu einem Erwachsenen, sie stellt aber eine neue Phase deines Wachstums dar, und du wirst viele neue Informationen benötigen, um dich während dieser Entwicklung gut um deinen Körper zu kümmern. Der Pubertätszug erreicht gleich den ersten Bahnhof.

Erste Anzeichen der Pubertät

Du fragst dich vielleicht: »Woran merke ich, dass die Pubertät begonnen hat?« Die Antwort lautet: Höre einfach auf deinen Körper, er wird dir ein paar Hinweise geben, dass deine Reise begonnen hat.

Bevor du die ersten Veränderungen an deinem Körper wahrnimmst, haben viele davon bereits in deinem Inneren begonnen. Die Eierstöcke, ein Teil deines Körpers, der Hormone produziert, signalisieren, dass es an der Zeit ist, mit all den anderen Veränderungen zu beginnen. Es kann sein, dass du in dieser Zeit schnell wächst oder dein Körper kurviger wird. Man nennt dieses plötzliche Wachsen einen Wachstumsschub.

Als Nächstes … die Brust

Die Hormone, die dem Rest deines Körpers das Zeichen gaben, in den Pubertätszug einzusteigen, haben auch eine Nachricht an deine Brüste gesendet, damit sie zu wachsen beginnen. Das Erste, was du vielleicht bemerkst, ist ein harter Knubbel unter jeder Brustwarze, der leicht schmerzen oder sich wund anfühlen kann. Der Knubbel kann dazu führen, dass die dunkle Haut rund um deine Brustwarze (der sogenannte Warzenvorhof) größer oder geschwollen aussieht. Die harten Knubbel nennt man Brustknospen. Sie sind das erste Anzeichen des Brustwachstums.

Schamhaare

Bei manchen Mädchen beginnen die Schamhaare vor den Brüsten zu wachsen. Denk daran, dass der Körper jedes Mädchens anders ist und dein Körper genau das tun wird, was für dich richtig ist. Zuerst entdeckst du vielleicht feine Haare unter den Achseln und im Schambereich. Diese Haare werden mit der Zeit dicker, dunkler und meist gekräuselt. In Kapitel 4 sprechen wir darüber, wie man die Haare da unten am besten pflegen kann.

Die erste Periode

Wenn sich deine Brüste zu entwickeln beginnen und dir Schamhaare wachsen, sind das Anzeichen dafür, dass du bald deine Periode bekommen wirst. Manche Mädchen bekommen ihre Periode schon sehr früh, mit neun oder zehn Jahren, andere erst, wenn sie schon älter sind, manche erst mit 15 oder 16 Jahren. Es kann sein, dass die Mädchen in der Schule untereinander viel darüber reden, wer zuerst seine Periode bekommen hat. Aber Eierstöcke können nicht um die Wette rennen und die Periode ist kein Wettbewerb. Wann auch immer deine Periode einsetzt, es wird der richtige Zeitpunkt für dich sein.

Noch mehr Haare

In der Pubertät passieren viele Dinge, die mit Haaren zu tun haben. Feine Körperhaare werden dichter und dunkler – an den Armen, Beinen und im Schambereich. Die Haare können schon mit acht oder neun Jahren sprießen, oder erst später, wenn deine Periode einsetzt. Vielleicht bekommst du mit, wie andere Mädchen über das Rasieren sprechen. Sich zu rasieren ist eine persönliche Entscheidung, die allein damit zu tun hat, was du selbst mit deinem Körper machen willst. In Kapitel 2 erfährst du mehr darüber.

Zeitplan für die Pubertät

Auch wenn du die Pubertät schon ungeduldig erwartest, hat sie ihren ganz eigenen Zeitplan. Dennoch gibt es einen zeitlichen Rahmen, in dem die körperlichen Veränderungen normalerweise beginnen. Auf der nächsten Seite findest du einen Fahrplan für den Pubertätszug. Aber vergiss nicht, dass dieser Zug sein eigenes Ding macht. Er kann früh losfahren oder Verspätung haben. So oder so wirst du zum richtigen Zeitpunkt durch die Pubertät reisen.

7–11: Dein Körper beginnt, Hormone zu produzieren, die dem ganzen Körper mitteilen, dass die Pubertät beginnt.

9–14: Du entwickelst Brustknospen und deine Brüste beginnen zu wachsen.

9–15: Du bekommst deine erste Periode. Die Periode setzt meist ein bis zwei Jahre nach Beginn der Brustentwicklung ein. Viele Mädchen bekommen ihre Periode im Alter zwischen 12 und 13 Jahren, manche schon mit 9, andere erst mit 15. Wenn du sie mit 16 noch nicht hattest, solltest du mit einem vertrauten Erwachsenen darüber sprechen, und dich untersuchen lassen.

10–16: Die Schamhaare beginnen zu wachsen. Manche Mädchen bemerken bereits mit 7 oder 8 Jahren die ersten Haare. Die Haare unter den Achseln und an den Beinen können dann dunkler und dichter werden.

15–16: Zu diesem Zeitpunkt ist die Pubertät meist in vollem Gang. Vielleicht hast du schon deine endgültige Körpergröße erreicht, und auch dein Busen kann schon ausgewachsen sein. Wenn deine Periode regelmäßig eintritt, bekommst du sie etwa einmal im Monat. Bei vielen Mädchen ist das aber in diesem Alter noch nicht der Fall.

Vergiss nicht, dass die Pubertät eigensinnig ist und keine Sekunde früher kommt, als sie bereit dafür ist. Und das ist auch gut so – genieße deinen Körper einfach so, wie er heute ist. Morgen kannst du ihn dann so genießen, wie er morgen ist!

Das Tempo der Veränderung

Vielleicht stellst du dir Fragen wie »Werden mir viele Haare wachsen?« oder »Werde ich große oder kleine Brüste bekommen?« Leider kann man das vorher nicht wissen. Wie lange diese Veränderungen dauern werden und wie du aussehen wirst, wenn du ganz ausgewachsen bist, weiß nur dein Körper. Im Moment musst du nur wissen, dass dein Körper mit dir zusammenarbeitet, um dir zu helfen, zu einem starken jungen Menschen heranzuwachsen. Du beginnst die Reise durch die Pubertät mit einem Körper, den du liebst, und du wirst sie auch mit einem Körper beenden, den du liebst – vielleicht wirst du ihn sogar noch mehr lieben als vorher!

2

WIE SICH DEIN KÖRPER VERÄNDERT

Jetzt weißt du schon ein bisschen mehr über die Pubertät und darüber, was dich auf dieser Reise erwartet. Nun können wir uns die Veränderungen im Einzelnen ansehen, die du in dieser wilden und wunderbaren Zeit erleben wirst. Das Wertvollste, was du in die Pubertät mitbringen kannst, ist ein starkes Selbstvertrauen. Dein Körper ist perfekt, so wie er heute ist, und er wird auch während und nach der Pubertät perfekt sein, egal, wie er sich verändert! Lass uns nun all die faszinierenden Details dieser aufregenden Veränderungen erforschen.

GRÖSSE UND GEWICHT

Am Ende des letzten Kapitels hast du erfahren, dass du nicht wissen kannst, wie dein Körper nach der Pubertät aussehen wird, weil das nur dein Körper weiß. Und warum verfügt dein Körper über all diese geheimen Informationen? Das liegt an den Genen.

Alle Menschen werden mit Genen geboren. Sie sind der Schlüssel dafür, was für einen Körper du jetzt besitzt und was für einen Körper du nach der Pubertät haben wirst. Die Gene entscheiden, ob du klein oder groß, etwas dicker oder dünner bist, ob deine Augenfarbe ein bezauberndes Braun oder ein faszinierendes Grün ist. Jeder Mensch auf diesem Planeten besitzt einen Satz Gene (Erbgut), und jedes Erbgut ist anders.

Auch wenn jeder Mensch seine eigenen Gene hat, ähneln diese zum Teil denen unserer Familienmitglieder. Dieses Wissen kann dir einen kleinen Anhaltspunkt geben, wie dein Körper nach der Pubertät aussehen könnte. Wenn die meisten Frauen in deiner Familie eher klein sind, ist es wahrscheinlich, dass du auch eher klein sein wirst. Das gilt auch für die Haarfarbe, die Brustgröße und für das Gewicht.

Aber es gibt keine Garantie dafür, dass dein Körper so aussehen wird wie der deiner Familienmitglieder. Deine Gene haben ihr eigenes, streng geheimes Rezept, das deinen Körper einzigartig machen wird.

Wachstumsschübe

In der Pubertät wird dein Körper größer und kräftiger. Das bedeutet, dass du viel schneller als sonst aus deiner Kleidung herauswachsen wirst. Diese Phase des schnellen Wachstums nennt man einen Wachstumsschub. Während eines Wachstumsschubs werden deine Arme und Beine länger, deine Füße und Hände größer. Eine Zeit lang wirst du dich vielleicht wie ein Giraffenbaby fühlen, das erst lernen muss, sich auf seinen viel zu langen Beinen fortzubewegen. Giraffenbabys sind hinreißend, und genau wie sie wirst du dich bald wieder wohlfühlen in deinem Körper.

Wie schnell und wie viel?

Ab Beginn der Pubertät wirst du vier bis acht Jahre weiterwachsen, und zwischen den Wachstumsschüben werden andere körperliche Entwicklungen stattfinden. Zum Beispiel entwickeln sich bei 85 Prozent der Mädchen nach dem ersten Wachstumsschub die Brustknospen. Schambehaarung und Akne folgen meist als Nächstes. Nach diesen Veränderungen kommt es in der Regel bald zu einem weiteren Wachstumsschub, der oft der größte in den Wachstumsjahren ist. Mädchen können in dieser Zeit mit einem Wachstum von fünf bis acht Zentimetern in nur wenigen Monaten rechnen. Für gewöhnlich kommt es nach dem Einsetzen der Periode zu einem weiteren großen Wachstumsschub. Die Mädchen wachsen dann oft noch einmal drei bis fünf Zentimeter, einige auch bis zu acht Zentimeter.

Autsch! Wird es wehtun?

Keine Sorge, dein Körper ist bereit für diese Reise. Während des schnellen Wachstums spüren manche Mädchen sogenannte »Wachstumsschmerzen«. Wachstumsschmerzen sind keine unmittelbare Folge des Körperwachstums (die Knochen wachsen überwiegend nachts, wenn du schläfst), sondern häufig Muskelschmerzen, die kommen und gehen. Die Ärzte sind sich nicht sicher, was die Ursache dafür ist. Dehnübungen vor dem Schlafengehen können helfen, die Beschwerden zu lindern.

★ ★ VERSORGE DICH MIT KALZIUM! ★ ★

Während eines Wachstumsschubs ist es besonders wichtig, dass deine Knochen gesund und stark sind. Du kannst deine Knochen unterstützen, indem du darauf achtest, genug Kalzium zu dir zu nehmen. Kalzium ist der Mineralstoff, der den Knochen Härte verleiht. Ein Kalziummangel kann später im Leben zu schweren Knochenerkrankungen führen. Ärztinnen und Ärzte sagen, dass Mädchen im Alter von 9 bis 18 Jahren täglich vier Portionen kalziumreicher Lebensmittel und Getränke zu sich nehmen sollten, um ihre Knochen ausreichend zu stärken. Milch hat einen hohen Kalziumgehalt und bietet eine einfache Möglichkeit, deine wachsenden Knochen zu versorgen. Auch grünes Blattgemüse wie Grünkohl und Brokkoli enthält viel Kalzium, außerdem stellen Joghurt und Sardinen eine gute Quelle dar.

Ausreichend Schlaf, Bewegung und gutes Essen tragen auch dazu bei, viele der unangenehmen Begleiterscheinungen der Pubertät zu lindern, einschließlich der Wachstumsschmerzen. Wir werden später noch ausführlicher über gesunde Gewohnheiten sprechen. Im Moment reicht es, wenn du weißt, dass Wachstumsschmerzen bei einem wachsenden Körper ganz normal sind. Solltest du allerdings starke Schmerzen in deinen Gelenken (in den Knien, Knöcheln oder Ellbogen) haben, sprich bitte mit einem Erwachsenen darüber.

Skoliose – frag einen Erwachsenen!

Du wirst während der Pubertät viele neue Dinge an deinem Körper entdecken. Die meisten davon gehören zu den typischen Veränderungen, die Mädchen auf dem Weg ins Teenageralter durchleben. Aber es kann auch vorkommen, dass dein Körper dich auf ein ernsteres Problem aufmerksam macht. In solchen Fällen solltest du immer einem vertrauten Erwachsenen erzählen, was los ist.

Wenn ihr Körper schnell wächst, stellen manche jungen Menschen fest, dass ihre Wirbelsäule nicht mehr gerade wächst, sondern sich wie der Buchstabe S krümmt. Diese Krümmung der Wirbelsäule nennt man Skoliose. Manchmal ist eine Skoliose leicht zu erkennen, weil es so aussieht, als würde sich die Person zu einer Seite neigen oder weil eine Schulter höher ist als die andere. Der Kinderarzt kann die Wirbelsäule untersuchen. Meist ist die Skoliose nur leicht ausgeprägt und es ist keine Behandlung nötig, aber in manchen Fällen ist Hilfe notwendig. Um mehr über Skoliose zu erfahren, sprich mit deinem Arzt oder deiner Ärztin oder mit einem anderen Erwachsenen, dem du vertraust.

Figur und Gewicht verändern sich

Die Veränderung der Figur und des Gewichts ist eine weitere Station auf der Zugreise durch die Pubertät. Denk während dieser Zeit immer daran, dass dein Körper weiß, zu welcher Größe und Figur er heranwachsen soll, und wenn du dich gut um deinen Körper kümmerst, hilfst du ihm dabei, zum bestmöglichen Körper für dich zu werden.

Mädchen bekommen viele Botschaften darüber, wie sie aussehen sollten. Das ist ein bisschen albern, denn jede von uns hat ihren eigenen, einzigartigen Körper, der nicht so aussehen muss wie irgendein anderer Körper. Am Anfang dieses Kapitels hast du erfahren, dass deine Gene zu einem großen Teil bestimmen, wie dein Körper nach der Pubertät aussehen wird. Die Gene bestimmen auch, welche Figur du einmal haben wirst. Vielleicht wirst du klein und schlank sein wie deine Tante oder groß und rundlich wie deine Oma. Deine Gene enthalten all diese streng geheimen Informationen über deinen Körper. Das bedeutet auch, dass du genauso groß sein und genauso viel wiegen kannst wie ein anderes Mädchen und trotzdem eine völlig andere Figur haben kannst.

Während der Pubertät fällt dir vielleicht auf, dass dein Körper an den Hüften und Oberschenkeln weicher und runder wird.

Es kann auch sein, dass deine Taille schmaler wird und dass du mehr Fett an den Oberarmen und am Po bekommst. Diese Veränderungen von Gewicht und Figur folgen in der Regel demselben Zeitplan wie das Körperwachstum. Wenn du größer wirst, wirst du auch schwerer. Zum Teil hängt die Gewichtszunahme auch damit zusammen, dass deine Brüste größer werden. Der beste Weg, um in dieser Phase der Pubertät gesund und stark zu bleiben, besteht darin, dass du viele gesunde, frische Lebensmittel isst und dich so bewegst, wie es dir Spaß macht, damit du dich gut und fit fühlst.

Fett ist besser als sein Ruf

Es gibt Leute, die das Wort »fett« benutzen, um sich über andere lustig zu machen oder um gemein zu sein. Anscheinend hat ihnen niemand gesagt, dass jeder Körper ein guter Körper ist.

Fett hat leider einen schlechten Ruf, was schlimm ist, denn jeder braucht Fett. Für ein gesundes Körperwachstum während der Pubertät muss der Körper Muskeln und Körperfett aufbauen. Manche Körper sind von Natur aus schwerer als andere, und du brauchst etwas Fett an deinem Körper, um gut durch die Pubertät zu kommen.

Warum ist Fett so wichtig? Nun ja, es hilft dem Gehirn beim Denken, den inneren Organen beim Arbeiten, den Haaren beim Wachsen, den Augen beim Sehen und unterstützt den Körper bei vielen anderen Dingen. Ohne Fett hätte der Körper einfach nicht genug Energie, um die Pubertät gut zu überstehen. Und wenn der Körper zu viel Fett verliert, kann das alle möglichen Probleme verursachen, zum Beispiel schwache Knochen, brüchige und stumpfe Haare und sogar Organversagen. Das Fett hat seinen schlechten Ruf also gar nicht verdient!

★ ★ DIÄT? TU'S NICHT! ★ ★

Diäten sind keine gute Idee, und doch sehen wir jeden Tag Werbung dafür in Internet, Fernsehen und Zeitschriften. Du fragst dich vielleicht, warum Diäten immer wieder empfohlen werden, wenn sie gar nicht gut für uns sind? Die kurze Antwort ist: um Geld zu verdienen. Menschen, die Werbung machen und Diäten verkaufen, verdienen viel Geld damit, andere davon zu überzeugen, ihre Produkte zu kaufen, auch wenn sie sie gar nicht brauchen.

Für junge Mädchen sind Diäten besonders schlecht, weil sie dazu führen können, dass der Körper nicht die nötigen Nährstoffe bekommt, die er braucht, um gut durch die Pubertät zu kommen. Wenn du dich fragst, ob du gesund bist, sprich mit deinem Arzt oder deiner Ärztin darüber. In der Arztpraxis kannst du zum Beispiel dein Herz und deine Lunge untersuchen und deinen Blutdruck überprüfen lassen.

Nimm deinen Körper so an, wie er ist

Genauso, wie es Werbung gibt, die versucht, Mädchen zu vermitteln, dass Fett etwas Schlechtes ist, so gibt es auch Botschaften, die ihnen vorgaukeln, dass sie große Brüste und Rundungen haben müssen, um echte Mädchen zu sein. Das ist natürlich lächerlich, weil es so etwas wie ein »echtes« Mädchen nicht gibt. Wenn du dich wie ein Mädchen fühlst, bist du ein Mädchen! Deine Gene, die nur für dich gemacht sind, können bewirken, dass du groß und dünn oder klein und dünn sein wirst. Ein Mädchen mit einem dünnen Körper ist genauso gut wie ein Mädchen mit einem kurvigen oder mit einem runden Körper. Es gibt keinen Körper, der besser ist als ein anderer. Egal wie, dein Körper entwickelt sich zu dem Körper, der er sein soll – zum perfekten Körper für dich!

HAUT UND HAARE VERÄNDERN SICH

So wie sich Form und Größe deiner Figur verwandeln, so verändern sich auch andere Dinge an deinem Körper. Hier sind einige Veränderungen beschrieben, die du vielleicht bemerken wirst.

Haare hier, Haare dort, Haare überall

Deine Haarfarbe und dein Haarwuchs werden von deinen Genen bestimmt (diese kleinen Dinger haben ganz schön viel zu sagen, findest du nicht auch?). Das bedeutet, dass du weniger Zeit damit verbringen solltest, dir Sorgen darüber zu machen, wie du einmal aussehen wirst, und dir lieber überlegst, wie du die wunderbaren Haare und die Haut pflegen kannst, die deine Gene dir gegeben haben.

Deine Haarpracht

Lass dich nicht von den Werbespots in die Irre führen, in denen Frauen ihre langen, wallenden Haare herumschwingen. Die Haare der meisten Mädchen sehen anders aus. Haare gibt es wie Mädchen in allen möglichen Variationen: kurz, lang, fein, dick, lockig, wellig, glatt, braun, kupfer, schwarz, blond, kastanienbraun, mahagonifarben, golden, rot … die Möglichkeiten sind fast unendlich.

Da es viele verschiedene Haartypen gibt, eröffnen sich auch viele Möglichkeiten der Haarpflege. Wenn du zum Beispiel glattes, feines Haar hast, das schnell fettig wird, musst du deine Haare vielleicht öfter waschen, etwa jeden zweiten Tag. Wenn du lockiges oder krauses Haar hast, das eher trocken ist, kann häufiges

Waschen zu Schuppenbildung (abgestorbene Hautschuppen auf der Kopfhaut) oder zu Haarbruch führen. In diesem Fall ist es besser, wenn du deine Haare nur einmal pro Woche wäschst.

Ganz gleich, welcher Haartyp du bist, du solltest darauf achten, dass dein Haar sauber ist, und es täglich bürsten und kämmen. Um ein Shampoo und eine Pflegespülung zu finden, die du gern magst, musst du vielleicht einige Produkte ausprobieren, aber es gibt keinen Grund, dafür viel Geld auszugeben. Ein teures Shampoo ist nicht unbedingt besser. Es gibt eine Menge toller Videos zur Haarpflege auf YouTube, die dir helfen können, die beste Haarpflege für dich zu finden.

Wildwuchs

Für viele Mädchen ist das erste Anzeichen der Pubertät die Entwicklung der Brustknospen, bei etwa 15 Prozent der Mädchen ist es jedoch die Schambehaarung. Fast allen Mädchen wachsen Schamhaare, aber ob es wenige oder viele sind und wo genau sie wachsen, ist unterschiedlich. Unsere Schamhaare ähneln normalerweise den anderen Haaren an unserem Körper. Das heißt, wenn du helle Haare auf dem Kopf hast, wirst du wahrscheinlich auch helle Körperhaare haben. Wenn du eher dunkles Kopfhaar hast, werden auch die Haare, die an deinem Körper wachsen, eher dunkel sein. Die Haare können mehr oder weniger dicht wachsen und fein oder kräftig sein, das hängt ganz von – du ahnst es schon – deinen Genen ab.

Aber wo?

Zuerst fallen dir vielleicht unter den Achseln und zwischen den Beinen auf dem Schamhügel (der weichen Haut direkt unter dem Bauch) Haare auf. Auch an Armen und Beinen können feine Haare wachsen, manche Mädchen bekommen auch ein paar Haare auf der Brust. Mädchen können sogar Haare auf der Oberlippe, am Rücken und am Kinn wachsen. Ja, Haare sind fast überall normal. Schließlich gehören Menschen zu den Säugetieren, und alle Säugetiere haben Haare.

Rasieren oder nicht rasieren?

Wahrscheinlich hast du schon gehört, wie Leute darüber sprechen, dass sie sich die Körperhaare rasieren. Ob du dich rasierst oder nicht, ist eine ganz persönliche Entscheidung, die nur du treffen kannst. Egal, wofür du dich entscheidest – denk daran, dass die Haare an deinem Körper ein natürlicher Teil der Pubertät sind und es überhaupt keinen Grund gibt, sie loszuwerden, wenn du das nicht möchtest. Mit dem Rasieren ist es ähnlich wie mit Diäten: Die Unternehmen verdienen viel Geld damit, wenn sie dich überzeugen können, ihre Haarentfernungsprodukte zu kaufen. Sie wollen, dass du jetzt damit beginnst, dich zu rasieren, damit du dann immer weiter ihre Rasiercreme und ihre Rasierer kaufst.

Du solltest allerdings bedenken, dass sich manche Menschen unter den Achseln rasieren, um ihren Körpergeruch in Schach zu halten. Während der Pubertät können die neuen Hormone im Körper bewirken, dass du mehr schwitzt. Schweiß an sich hat keinen Geruch, aber wenn er sich mit winzigen Bakterien an den Haaren unter den Achseln oder zwischen den Beinen vermischt, kann er unangenehm riechen. Rasieren ist nicht die einzige Möglichkeit, um Körpergeruch zu vermeiden. Du erfährst später noch einige andere Möglichkeiten, Körpergeruch in den Griff zu bekommen. Wenn du dich entscheidest, dich unter den Achseln zu rasieren, sprich mit einem Erwachsenen, dem du vertraust. Er wird dir helfen, einen guten Rasierer und eine feuchtigkeitsspendende Rasiercreme zu finden. Verwende einen neuen Rasierer, damit du an den rasierten Stellen keinen Ausschlag oder kleine Pickel bekommst. Die rasierten Stellen können jucken, wenn die Haare nachwachsen.

Die Haut, in der du steckst

Wusstest du, dass die Haut das größte Organ deines Körpers ist? Von Kopf bis Fuß bedeckt sie eine ziemlich große Fläche. Während der Pubertät ist zwar etwas mehr Aufmerksamkeit nötig, um die Haut zum Strahlen zu bringen, aber mach dir keine Sorgen. Das Geheimnis einer gesunden Haut ist ganz einfach: Wasser, Ruhe und gutes Essen.

Pickel und Mitesser

Viele Mädchen befürchten, in der Pubertät Akne zu bekommen. Allerdings verdammt dich die Pubertät nicht zu einem Leben mit Pickelcreme und Pickeln. Es kann zwar sein, dass du Akne bekommst, aber eine gute Hautpflege kann helfen, es auf ein Minimum zu beschränken. Wenn dein Körper damit beginnt, Hormone zu produzieren, produziert er auch zusätzliches Fett im Körper, sogenannten Talg. Dieser überschüssige

Talg kann sich mit Schweiß und Schmutz vermischen und deine Poren (kleine Öffnungen in deiner Haut) verstopfen. Das führt zu Mitessern und Akne.

Wenn du dein Gesicht täglich mit einem milden Waschgel reinigst und anschließend eine Feuchtigkeitscreme aufträgst, sollten die meisten Bakterien, die Akne verursachen, beseitigt sein. Solltest du einmal einen schlimmeren Akne-Ausbruch haben, kannst du mit einem vertrauten Erwachsenen in die Apotheke gehen und eine Aknecreme mit medizinischem Wirkstoff kaufen. Achte darauf, eine öl- und seifenfreie Creme zu kaufen, denn das ist besser für deine Haut.

Manchmal können Akne-Ausbrüche so schlimm sein, dass sie nicht mit rezeptfreien Mitteln behandelt werden können. Wenn du unter schwerer Akne leidest, die nicht verschwinden will, solltest du einen Erwachsenen bitten, mit dir zu einem Dermatologen (Hautarzt) zu gehen. Der Arzt oder die Ärztin kann dir stärkere Medikamente geben, um die Akne zu behandeln.

Sonnenbaden

Jede Haut braucht Sonne. Wie viel Sonne gut für dich ist, hängt von deinem Hauttyp ab. Die Sonnenstrahlen können sich auf unserem Körper gut anfühlen, aber zu viel Sonne kann für manche Hauttypen gefährlich sein. Wenn du helle oder blasse Haut hast, solltest du dich bei sonnigem Wetter immer mit Sonnenschutzmittel eincremen, weil die Sonnenstrahlen leichter in deine Haut eindringen und Sonnenbrand verursachen können. Wenn man sich zu lange ohne Sonnenschutz in der Sonne aufhält, kann das auch schwere Krankheiten wie Hautkrebs verursachen, unabhängig von der Hautfarbe.

♥ DU BIST NICHT ALLEIN! ♥

Pickel gehören zum Erwachsenwerden dazu. 85 Prozent der Jugendlichen bekommen in ihren Teenagerjahren Akne. Das heißt: Fast jeder hat Pickel.

Besorge dir eine Sonnencreme mit Lichtschutzfaktor (LSF) 30 oder höher und achte darauf, dass sie wasserfest ist. Auch wenn du nicht schwimmen gehst, kann es sein, dass du schwitzt; auch dann sollte der Sonnenschutz nicht verloren gehen.

Wenn du dunklere Haut hast, ist es für die Sonnenstrahlen schwieriger, in deine Haut einzudringen. Das bedeutet, dass du nicht so schnell einen Sonnenbrand bekommst, aber auch, dass du einige der Nährstoffe, die wir mithilfe der Sonne selbst bilden – vor allem Vitamin D – nicht so leicht aufnehmen kannst. Deswegen solltest du versuchen, öfter in die Sonne zu gehen. Auch wenn du keine dunkle Haut hast, aber aufgrund deiner Religion oder Kultur ein Kopftuch oder eine andere Bedeckung trägst, solltest du nach Gelegenheiten suchen, deinem Körper ein wenig Sonne zu schenken. Er wird es dir danken!

Verschiedene Hautfarben

Mädchen haben alle möglichen Hautfarben. Ihre Haut kann blassrosa oder dunkelbraun sein oder Hunderte anderer Farbtönungen haben. Die unterschiedlichen Hautfarben der Menschen hängen damit zusammen, woher ihre Vorfahren stammten. Wenn deine Urururururgroßeltern aus kälteren Gegenden wie Nordeuropa stammten, ist deine Haut wahrscheinlich eher hell oder blass. Stammten deine Vorfahren dagegen aus wärmeren Gegenden wie Afrika, dem Nahen Osten oder aus Inselstaaten wie Samoa oder Puerto Rico, hast du vermutlich eine mittel- bis dunkelbraune Haut.

Manche Menschen verwenden viel Zeit und Geld darauf, die Farbe ihrer Haut zu verändern. Einige Mädchen verbringen Stunden in der Sonne oder in Sonnenstudios, um braun zu werden, während andere Bleichmittel und Make-up kaufen, um ihre Haut aufzuhellen. Auf die Dauer ist Bleichmittel schädlich für die Haut, ganz zu schweigen davon, dass die Farbe deiner Haut einfach *wunderbar* ist, so wie sie ist!

Hautunebenheiten, Bläschen und Warzen … okay

Während der Pubertät macht der Körper alle möglichen neuen und ungewöhnlichen Dinge, die dich vielleicht überraschen oder dir etwas seltsam erscheinen. Dazu gehören auch die Viren, die im Körper geschlafen haben und nun aufwachen und beginnen, sich durch Symptome bemerkbar zu machen. Auch das gehört zur Pubertät dazu. Vielleicht fallen dir auf einmal Hautunebenheiten auf, wo vorher nie welche waren, zum Beispiel an den Armen oder Beinen. Diese Unebenheiten können Warzen sein, die von einem Virus namens Humanes Papillomavirus (HPV) verursacht werden.

HPV wird durch direkten Hautkontakt übertragen. Es kann bereits im Körper leben, bevor die ersten Anzeichen in Form von kleinen Hautunebenheiten auftreten. Wenn du Warzen an deinem Körper entdeckst, solltest du nicht an ihnen zupfen, kratzen oder reiben, da sie sich dadurch ausbreiten könnten. Bitte einen Erwachsenen, in der Apotheke ein Medikament zu besorgen, das die Warzen verschwinden lässt. Solltest du Warzen in deinem Intimbereich bemerken, bitte einen Erwachsenen, dem du vertraust, mit dir zum Arzt zu gehen. Er oder sie kann dir sagen, wie du die Warzen am besten behandeln kannst.

Andere heimtückische Viren, die sich manchmal unbemerkt in unserem Körper aufhalten, sind die Herpes-simplex-Viren vom Typ 1 (HSV-1). Diese Viren können Fieberbläschen verursachen, das sind unangenehme Bläschen am Mund und an den Lippen. Auch diese Bläschen sind ansteckend, also berühre sie nicht und zupfe nicht daran herum, wenn du welche hast. Es kann sein, dass du im Laufe der Jahre immer wieder Fieberbläschen bekommst, weil das Virus in deinem Körper bleibt. Eine Ansteckung mit dem Virus oder häufige Ausbrüche kannst du vermeiden, indem du Lippenstift oder Lippenbalsam, Zahnbürsten oder Getränke nicht mit jemandem teilst, der ein Fieberbläschen hat. Du solltest auch nicht zu viel an die Sonne gehen, Stress und säurehaltige Lebensmittel wie Orangen und Zitronen meiden, da diese Dinge beeinflussen, wie oft du Bläschen bekommst und wie unangenehm sie sind. Wenn du ein Fieberbläschen hast, kannst du dir in der Apotheke ein Mittel besorgen, das du auf deine Lippen auftragen kannst, damit es schneller abheilt. Wenn du häufig Fieberbläschen bekommst oder wenn sie schmerzhaft sind, bitte einen Erwachsenen, mit dir zum Arzt zu gehen, um dir ein geeignetes Medikament verschreiben zu lassen.

Kannst du mich gut riechen?

Vielleicht kommst du eines Tages vom Spielen nach Hause und fragst dich: »Was riecht hier eigentlich so?«, um dann festzustellen, dass du selbst es bist. Du hast gerade entdeckt, dass du Körpergeruch entwickelst. Denk daran, dass dein Körper nun mehr Hormone produziert und neue Schweißdrüsen unter den Achseln, an den Füßen und zwischen den Beinen entstehen. Alles zusammen kann zu einem unangenehmen Geruch führen. Körpergeruch gehört zur Pubertät dazu, aber mit der richtigen Körperpflege kannst du auch wie eine Rose duften!

Da du jeden Tag schwitzt und Bakterien bildest, musst du deinen Körper täglich waschen, besonders die Achselhöhlen, die Füße und den Intimbereich. Es gibt verschiedene Arten von Deodorants und Antitranspiranten zu kaufen, um Körpergeruch unter den Achseln zu bekämpfen. Deos verhindern zwar nicht, dass du schwitzt, aber sie verhindern, dass der Schweiß stinkt. Achte darauf, nicht zu viel Deo zu verwenden, da viele

Menschen empfindlich auf die Chemikalien in Deodorants reagieren. Antitranspirante verhindern, dass der Körper Schweiß produziert. Antitranspirante solltest du nur unter den Achseln verwenden, denn Schwitzen ist eine notwendige Körperfunktion. Ohne Schweißproduktion können wir überhitzen oder sogar krank werden.

KÖRPERPFLEGE

Während dein Körper wächst und sich verändert, solltest du darauf achten, ihn gut zu pflegen. Eine gute Körperpflege ist die beste Art zu zeigen, dass du deinen Körper liebst. Hier findest du ein paar einfache Tipps, die dir dabei helfen können, deinem großartigen Körper eine gute Freundin zu sein.

Ein strahlendes Lächeln

Wenn man heranwächst, fallen die Milchzähne aus und es kommen auf jeder Seite des Kiefers je zwei massive Backenzähne nach. Okay, massiv ist vielleicht nicht das richtige Wort, aber es stimmt, dass du die Zähne, die du bekommst, wenn deine Milchzähne ausgefallen sind, für den Rest deines Lebens haben wirst. Es gibt also keinen besseren Zeitpunkt als jetzt, dich um deine Zähne zu kümmern.

Damit deine Zähne gesund und stark bleiben, solltest du mindestens zweimal täglich Zähne putzen und nach jeder Mahlzeit Zahnseide verwenden. Damit verhinderst du, dass sich Plaque (Zahnbelag) und Zahnstein auf deinen Zähnen bilden. Plaque ist der weiche, aber zähe Belag, den du auf deinen Zähnen spürst, wenn du sie eine Weile nicht geputzt hast. Sie besteht aus Bakterien, die sich in deinem Mund verstecken und darauf warten, wachsen zu können. Bleibt dieser Belag zu lange auf den Zähnen, können die Bakterien Mundgeruch und andere Probleme wie Zahnstein verursachen. Zahnstein ist verhärteter Zahnbelag, der sich schon eine Weile auf den Zähnen befindet. Er kann zur Verfärbung der Zähne führen und Karies verursachen.

Achte darauf, mindestens zwei Minuten lang Zähne zu putzen, um die Plaque zu entfernen und die Bildung von Zahnstein zu vermeiden. Du kannst deine Zähne auch stärken, indem du zuckerhaltige Lebensmittel und Getränke wie Softdrinks, Säfte und Süßigkeiten meidest. Denn sie verursachen Löcher in den Zähnen und Karies.

Bitte einen Erwachsenen, mindestens einmal im Jahr mit dir zum Zahnarzt zu gehen, zur professionellen Zahnreinigung, und lasse überprüfen, ob du eine Zahnspange oder eine andere medizinische Zahnbehandlung benötigst. Wenn du jetzt eine gute Zahnpflege-Routine entwickelst, wird sie dich ein Leben lang begleiten (und das wird auch deinen Zähnen helfen, ein Leben lang zu halten!).

Zahnspangen

Es kann sein, dass du eine Zahnspange brauchst, wenn du in die Pubertät kommst, zum Beispiel, wenn deine Zähne nicht gerade stehen oder wenn du einen Über- oder Unterbiss hast. Bei den Zahnspangen hat sich viel getan in den letzten Jahren. Heute gibt es Zahnspangen aus Metall oder Keramik, unsichtbare Zahnspangen, Spangen, die nur nachts getragen werden, und Spangen mit Gummibändern in coolen Farben. Eine Zahnspange kann Spaß machen! Deine Zahnärztin wird dich zum Kieferorthopäden schicken, wenn sie der Meinung ist, dass du eine Zahnspange brauchst.

Ohren, Augen und Nagelpflege

Neben den Zähnen benötigen auch andere Körperteile etwas mehr Pflege, wenn du in die Pubertät kommst.

Piercings

Liebst du Ohrringe? Vielleicht hast du schon Ohrlöcher oder du denkst gerade darüber nach, dir ein cooles Piercing stechen zu lassen – Piercings sind auf jeden Fall eine große Sache, egal, an welchem Körperteil. Sie können cool aussehen, aber auch gefährliche Entzündungen auslösen, wenn sie nicht richtig durchgeführt werden. Es ist sehr wichtig, dass du dich nur von einem Profi piercen lässt. Du solltest darauf achten, dass der

Piercing-Spezialist jedes Mal eine neue Nadel und Zubehör verwendet, das noch *nie* bei einer anderen Person benutzt wurde, und dass alles sterilisiert wurde.

Ein Piercing im Ohrläppchen tut meist nicht besonders weh und heilt auch ziemlich schnell, das gilt aber nicht für alle Piercings. An manchen Körperstellen kann es sehr lange dauern, bis die Wunde verheilt ist, und manche sind anfälliger für Entzündungen als andere. Sprich mit einem Erwachsenen, bevor du dir ein Piercing stechen lässt. Du solltest wissen, dass vertrauenswürdige Piercing-Studios dich nicht ohne Einwilligung eines Erziehungsberechtigten piercen. Bei unter 16-Jährigen verlangen sie, dass ein Erziehungsberechtigter anwesend ist, wenn das Piercing gestochen wird.

Was für Augen!

Egal, ob sie mahagonibraun sind, blaugrün oder blau mit orangefarbenen Punkten, die in der Sonne glitzern – deine Augen brauchen Aufmerksamkeit und Pflege. Es macht Spaß, mit Lidschatten und Wimperntusche herumzuexperimentieren, aber es kann auch schädlich für deine Augen sein, wenn du nicht aufpasst. Wenn du dir die Augen schminkst, solltest du abends vor dem Schlafengehen einen sanften Augen-Make-up-Entferner verwenden und dein Gesicht mit warmem Wasser waschen. Mit Make-up zu schlafen ist nicht gut für deine Haut und überhaupt nicht gesund für deine Augen.

Denk daran, dass auch deine Augäpfel während der Pubertät wachsen, genau wie alles andere! Das schnelle Wachstum der Augen kann zu Sehstörungen wie Myopie (Kurzsichtigkeit) führen. Kurzsichtigkeit bedeutet, dass du Dinge aus der Nähe sehen kannst, aber Schwierigkeiten hast, wenn sie weit entfernt sind. Wenn du Gegenstände in der Ferne unscharf siehst, blinzeln musst, um etwas zu sehen, oder häufig Kopfschmerzen hast, könnten das Anzeichen dafür sein, dass du kurzsichtig bist. Du solltest einem Erwachsenen davon erzählen und deine Augen von einem Augenarzt untersuchen lassen.

Kurzsichtigkeit kann man mit einer Brille oder Kontaktlinsen behandeln. Aufgrund deines Alters wirst du

wahrscheinlich eine Brille bekommen. Eine Brille kann ein tolles Mode-Statement sein, also sei kreativ! Du kannst dir eine Brille mit Punkten oder Streifen kaufen, oder mit einem schwarzen Gestell auf Nummer sicher gehen. Egal, wofür du dich entscheidest, eine Brille ist eine super Möglichkeit, witzige und faszinierende Dinge an dir zum Ausdruck zu bringen.

Regelmäßiges Händewaschen, glitzernde Zehen und knallbunte Fingernägel

Auf der Reise durch die Pubertät kann es leicht passieren, dass man Hände, Füße und Nägel links liegen lässt, weil es so viele andere aufregende Dinge zu sehen gibt. Aber auch diese Körperteile brauchen deine Aufmerksamkeit, weil ihre Pflege wichtig ist für einen gesunden Körper. Wenn du deine Hände sauber hältst, verringert das die Zahl der Keime und Bakterien, die in dein Gesicht gelangen und Akne, Erkältungen und andere Infektionen auslösen können. Jedes Mal, wenn du auf die Toilette gehst, solltest du dir anschließend gründlich die Hände waschen. Damit das Händewaschen die unangenehmen Keime abtötet, sollte es etwa 20 Sekunden lang dauern. (Hilfreicher Tipp: Wenn du das Lied *Happy Birthday to You* singst, dauert das etwa 15 Sekunden.)

Da sich in der Pubertät neue Schweißdrüsen bilden, wirst du vielleicht feststellen, dass deine Füße nun stärker schwitzen. Schweißfüße können stinken. Der beste

Weg, um das zu vermeiden, ist waschen, waschen, waschen. Wechsle täglich deine Socken, halte deine Füße trocken und creme sie ein. Das hilft dir dabei, zu verhindern, dass deine Füße unangenehm riechen.

Auch die Nägel können eine Möglichkeit sein, die eigene Persönlichkeit auszudrücken, aber dafür muss man sie gut pflegen. Fingernägelkauen ist tabu, da es zu wunder oder aufgesprungener Haut am Nagelbett führen kann, was wiederum Infektionen begünstigt. Fingernägelkauen bedeutet auch, dass der ganze Schmutz unter deinem Nagel dann in deinem Mund ist … igitt! Bitte jemanden, dir zu zeigen, wie du deine Nägel kürzen kannst und wie man sie feilt, um kräftige Nägel zu erhalten. Wenn du sie nicht spitz, sondern rund feilst, brechen sie nicht so oft ab.

Mit bunter Maniküre und Pediküre kannst du auch deine Persönlichkeit betonen. Aber sei vorsichtig. Künstliche Fingernägel können deine natürlichen Nägel schwächen und im Lauf der Zeit schädigen. Es kann auch sein, dass du auf die Chemikalien in Nagellack und Nagellackentferner allergisch reagierst. Wie bei den Piercings solltest du dir auch hier sicher sein, dass für die Maniküre oder Pediküre nur Instrumente verwendet werden, die vor der Anwendung sterilisiert wurden. Deine Finger- und Fußnägel zu Hause selbst zu pflegen, kann richtig Spaß machen und du kannst so etwas Geld sparen.

3

BRÜSTE UND BHS

Der Pubertätszug ist nun an einer der belebtesten Stationen angekommen: Brust Hauptbahnhof. In der Regel dauert es mehrere Jahre, bis man diesen Bahnhof erreicht, und es gibt viele kurze Zwischenstopps unterwegs. Ganz gleich, wann du ankommst, die Brustentwicklung ist eine wichtige körperliche Veränderung während der Pubertät, und du solltest das Gefühl haben, gut darauf vorbereitet zu sein. Gemeinsam werden wir dafür sorgen, dass du alles weißt, was du wissen musst, um dich selbstbewusst und stark zu fühlen und dich um deinen wachsenden und sich verändernden Körper zu kümmern.

EINE NEUE FIGUR: DIE BRÜSTE ENTWICKELN SICH

In den letzten Jahren hast du dich wahrscheinlich sehr an deinen Körper und sein einzigartiges Aussehen gewöhnt. Es ist wie bei einem Pullover, den du schon eine Weile lang trägst, er fühlt sich bequem und vertraut an. Sicher, dein Körper ist gewachsen. Deine Füße sind größer geworden. Aber im Großen und Ganzen kennst du deinen Körper schon eine ganze Weile, und es kann eine große Umstellung sein, wenn dein Körper auf einmal ganz anders aussieht und sich so stark und schnell verändert, dass du das Gefühl hast, es wäre über Nacht geschehen. Bevor du eines Tages aufwachst und dich fragst: »Hey, wann ist aus meiner flachen Brust eine Hügellandschaft geworden?«, lass uns darüber sprechen, was genau dich erwartet, wenn deine Brustentwicklung beginnt.

Die Entwicklung der Brust gehört zu den körperlichen Veränderungen, die das Thema Pubertät in den Mittelpunkt rücken, aber sie passiert nicht über Nacht. Insgesamt gibt es fünf Stadien der Brustentwicklung, die sich über mehrere Jahre erstrecken. Egal, ob du dich gerade in Stadium 1 befindest ober in Stadium 3 unterwegs bist, hier erfährst du, was du über deine Brüste wissen solltest, wenn sie wachsen und sich verändern.

Was schon vorhanden ist

Das sind die Stadien der Brustentwicklung, die du erleben wirst:

Stadium 1: Die Brüste vor der Pubertät im Alter von 8 bis 11 Jahren

Wenn wir darüber sprechen, wie Brüste wachsen, sollten wir dort beginnen, wo wir alle unseren Anfang nehmen. Du hast bereits Brustwarzen. Brustwarzen sind die kleinen Erhebungen in der Mitte des Warzenvorhofs, der dunkleren Haut auf deiner Brust. Die Brustwarzen können flach oder hervorstehend sein. Sie richten sich auf, wenn es draußen kalt ist – denn sie sind ziemlich empfindlich! Brustwarzen haben winzige Löcher, die man nicht sehen kann, und aus diesen winzigen Löchern wird eines Tages die Milch fließen, die Frauen bilden, wenn sie ein Baby bekommen haben. Ja, genau wie Kühe produzieren auch Menschen Milch! Alle Säugetiere produzieren Milch.

Stadium 2: Die Brustknospen im Alter von 10 bis 11,5 Jahren

Wie schon in Kapitel 1 beschrieben, ist das Erste, was du zu Beginn der Brustentwicklung bemerkst, ein harter, etwa zwei Zentimeter großer Knubbel unter der Brustwarze, die Brustknospe. Die Brustknospen bilden sich, wenn das Brustgewebe und die Milchdrüsen zu wachsen beginnen. Die Brustknospen können so klein sein, dass du sie vielleicht gar nicht bemerkst. Aber sie können dazu führen, dass deine Brust empfindlicher wird.

Mach dir keine Sorgen, wenn sich deine Brust mal ein bisschen unangenehm anfühlt. Das liegt daran, dass deine Brüste genau das tun, was sie tun sollen. Es kann sein, dass deine Brustknospen unterschiedlich groß sind oder dass du nur in einer Brust eine Brustknospe spürst, in der anderen aber nicht. Wie deine Brüste wachsen, lässt sich nicht mit dem Brustwachstum deiner Freundinnen vergleichen. Du wirst deine eigenen Erfahrungen machen, also lass dir von niemandem

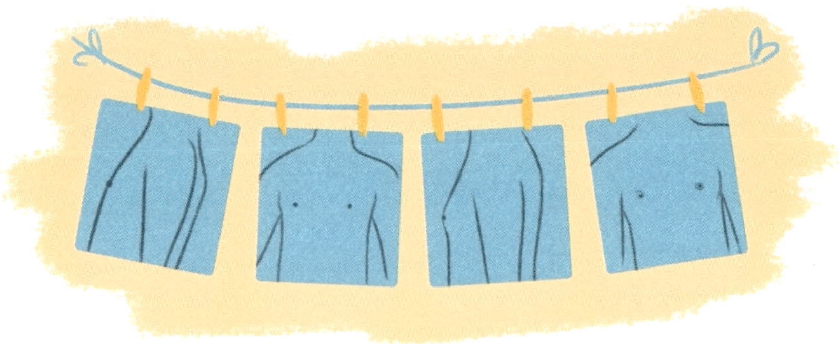

sagen, wie deine Brüste aussehen »sollten«. Die Brustentwicklung verläuft bei jedem Mädchen anders. Dein Körper weiß schon, was er tut, auch wenn es bei dir etwas anderes ist als bei anderen Mädchen.

Stadium 3: Das Brustwachstum im Alter von 11,5 bis 13 Jahren

Nachdem sich die Brustknospen entwickelt haben, beginnen die Brüste, mehr Fettgewebe und Milchdrüsen zu bilden. In dieser Phase bemerkst du vielleicht, dass deine Brüste eine etwas spitzere Form annehmen. In dieser Zeit können auch deine Warzenvorhöfe größer werden und etwas anschwellen. Diese Anzeichen bedeuten, dass sich dein Pubertätszug auf dem richtigen Gleis befindet.

Stadium 4: Die Brüste nehmen Form an im Alter von 13 bis 15 Jahren

Nun verlieren die Brüste ihre spitze Form, die sie in Stadium 3 entwickelt haben, und nehmen die Größe und Form an, die du als erwachsene Frau haben wirst. Die Veränderungen der Brustform in dieser Zeit werden hauptsächlich durch Hormone, die man Östrogene nennt, ausgelöst. Östrogene sind gewissermaßen der Chef des Körpers in der Pubertät, der ihm sagt, wann es Zeit ist, an die Arbeit zu gehen und wann die Arbeit

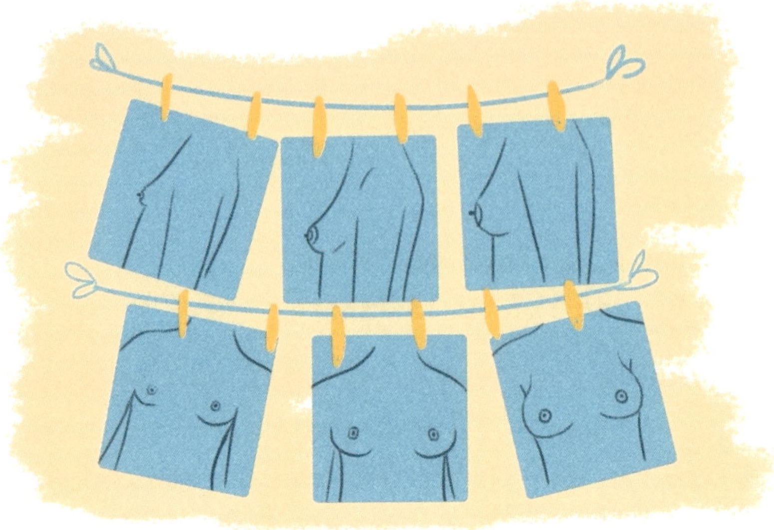

erledigt ist. Die Östrogene kommandieren nicht nur deine Brüste herum, sondern übernehmen auch in vielen anderen Bereichen der Pubertät die Führung. Unter anderem steuern sie die Menstruation. Die meisten Mädchen bekommen ihre erste Periode während Stadium 4 oder 5 der Brustentwicklung. Darüber wirst du noch mehr erfahren. Momentan reicht es, wenn du weißt, dass du dich mit Erreichen dieses Stadiums für gewöhnlich mitten in der Pubertät befindest.

Stadium 5: Voll ausgebildete Brüste im Alter von 15 Jahren und später

Stadium 5 ist die letzte Phase der Brustentwicklung in der Pubertät. Jetzt sind deine Brüste voll ausgebildet und sie haben die Größe und Form erreicht, die sie wahrscheinlich auch haben werden, wenn du erwachsen bist. Durchschnittlich dauert es drei bis fünf Jahre vom ersten bis zum fünften Stadium der Brustentwicklung, bei manchen Mädchen kann es aber auch bis zu zehn Jahre dauern. Mit dieser Phase hast du einen wichtigen Zwischenstopp auf einer langen Reise erreicht!

Dein Zeitplan ist der richtige

Vielleicht denkst du jetzt: »Aber ich bin schon zehn und noch nicht in Stadium 2, was soll das?« Oder du sagst vielleicht: »Moment mal! Ich bin neun und schon in Stadium 3. Was ist denn mit mir los?« Denk immer daran, dass nur dein Körper und sein geheimes Rezept für die Pubertät weiß, wann und wie schnell du die einzelnen Stadien durchlaufen wirst. Es ist wichtig, Geduld mit deinem Körper zu haben, während er sich verändert.

Es ist auch wichtig, Veränderungen zu bemerken, denn manchmal passieren Dinge, bei denen nur ein Erwachsener helfen kann. Manche Mädchen kommen zum Beispiel in die Pubertät, bevor ihr Körper dafür bereit ist. Das nennt man verfrühte Pubertät. Bei anderen Mädchen beginnt die Pubertät erst sehr spät, was als verzögerte Pubertät bezeichnet wird. Wenn du an deinem Körper Veränderungen beobachtest, die mit der Pubertät zusammenhängen, und noch keine acht Jahre alt bist, oder wenn du 14 Jahre oder älter bist und noch nichts bemerkt hast, sprich mit einem

★ ★ FASZINIERENDE FAKTEN ★ ★

Bei 50 Prozent der Frauen ist eine Brust kleiner als die andere. Meist ist die linke Brust die kleinere. Die Ärztinnen und Ärzte sind sich nicht sicher, warum das so ist.

Erwachsenen, dem du vertraust, darüber. Er kann mit dir zum Arzt gehen, um untersuchen zu lassen, ob deine Reise durch die Pubertät dem richtigen Zeitplan folgt.

Formen und Größen und eine Menge Überraschungen

Vielleicht ist dir schon aufgefallen, dass in der Werbung, in Filmen und Fernsehsendungen viel über Brüste gesprochen wird. Die Sache ist die: Brüste sind einfach faszinierend. Schließlich wächst deinem Körper mit den Brüsten ein ganz neues Organ, damit du eines Tages – wenn du willst – ein Baby mithilfe deines Körpers ernähren kannst. Das ist ziemlich beeindruckend! Brüste sind großartig, weil sie etwas Besonderes können, nicht wegen ihres Aussehens. Große Brüste sind nicht besser als kleine Brüste und kleine Brüste sind nicht besser als große.

Wenn du in Gedanken zu Kapitel 1 zurückreist, wirst du dich daran erinnern, dass wir darüber gesprochen haben, wie unsere Gene zum großen Teil das Aussehen unseres Körpers nach der Pubertät bestimmen. Die Gene bestimmen auch die Größe und Form unserer Brüste. Deine Brüste können die Größe einer Kiwi oder einer Mandarine haben. Sie können so groß wie eine Grapefruit werden oder so klein wie eine Pflaume. Es gibt so viele Brustformen und -größen, wie es Mädchen auf der Welt gibt. Welche Form auch immer deine Brüste haben, es ist die richtige Form und Größe für deinen Körper.

EINEN BH KAUFEN – BRAUCHE ICH ÜBERHAUPT EINEN?

Egal, ob dein erster BH (Abkürzung für Büstenhalter) für dich ein Grund zum Feiern ist oder ob du dich davor fürchtest – er sollte sich an deinem Körper angenehm anfühlen und deiner Persönlichkeit entsprechen. Es ist wichtig zu wissen, dass nicht jedes Mädchen einen BH tragen muss, und viele Mädchen und Frauen tun es auch nicht. BHs sind dazu da, die Bewegung zu erleichtern, wenn du rennst, springst, tanzt, Sport treibst oder andere schwungvolle Aktivitäten unternimmst.

Das heißt, dass du erst dann einen BH brauchst, wenn deine Brüste so groß sind, dass du spürst, wie sie sich unter deiner Kleidung bewegen, oder wenn deine Brüste wund und empfindlich sind und du einen zusätzlichen Puffer zwischen deinen Brüsten und deinen Oberteilen haben möchtest.

Wenn du das Tragen eines BHs nicht als hilfreich oder angenehm empfindest, ist das völlig in Ordnung! Manchmal fühlen sich Mädchen unter Druck gesetzt, einen BH zu tragen, weil sie es so in Fernsehserien sehen oder weil ihre Freundinnen bereits einen BH tragen. Immer, wenn du dich zu etwas gedrängt fühlst, ist das ein gutes Zeichen dafür, dass es wahrscheinlich keine gute Idee ist, es zu tun. Wenn du aber das Gefühl hast, dass du bereit für einen BH bist, dann sprich mit einem Erwachsenen darüber.

Die richtige Größe und den richtigen Stil finden

Es gibt 100 Milliarden verschiedene Arten von BHs. Okay, das ist vielleicht ein bisschen übertrieben, aber es gibt wirklich viele, und es kann ziemlich anstrengend sein, sich alle anzusehen.

Glücklicherweise fällt die Wahl zu Beginn der Pubertät leicht. Die meisten Mädchen tragen am Anfang der Brustentwicklung ein Bustier. Bustiers sind meist aus weichem, dehnbaren Baumwollmaterial, ohne Bügel

♥ DU BIST NICHT ALLEIN! ♥

Millionen Frauen haben die Erfahrung gemacht, dass ihre Brüste zu wachsen begannen und sie ihren ersten BH bekamen. Für manche Mädchen ist es eine besondere Zeit. Für andere ist es keine große Sache oder vielleicht sogar ein bisschen lästig. All diese Reaktionen sind völlig in Ordnung. Hier findest du zwei Reaktionen von Mädchen, die vor dir dran waren:

»Ich habe um einen BH gebettelt. Wirklich gebettelt. Ich fand das, was sie verkörpern, so cool. Als ich in der fünften Klasse war, sagte meine Mama endlich, dass es nun Zeit für einen BH sei. Sie half mir, zwei oder drei BHs und passende Unterwäsche auszusuchen und dann gingen wir in ein mexikanisches Restaurant zum Mittagessen ... Es war toll von meiner Mama, den Einkauf zu etwas Besonderem zu machen.«

NICOLE H.

»Ich war in der vierten Klasse und wollte kein Mädchen sein ... Ich war das einzige farbige Mädchen in der Klasse und entwickelte mich schneller als die anderen. In der fünften Klasse nahm ich die Bandagen meines Vaters und versuchte, damit meine Brüste flacher zu machen. Meine Mama ging mit mir ins Kaufhaus und ließ mich aussuchen, was ich wollte. Bis zur High School habe ich nur Sport-BHs gekauft.«

AYANNA G.

oder Wattierung, die bei BHs für größere Brüste verwendet werden. Bustiers können sogar wie ein bauchfreies Top aussehen. Vielleicht möchtest du auch einen Sport-BH ausprobieren. Sport-BHs sind vom Design her ähnlich wie Bustiers, sitzen aber fester. Sie geben den Brüsten beim Sport und beim Laufen einen festen Halt. Du kannst aber auch einen Sport-BH tragen, wenn du keinen Sport treibst. Er eignet sich gut für den Anfang, wenn du ein schlichtes Design möchtest.

Finde deine Größe heraus

Wenn du dich in Stadium 3 der Brustentwicklung befindest und deine Brüste durch die Kleidung sichtlich wahrnehmbar sind, kannst du erwägen, dir einen Soft-Cup-BH (ein BH ohne Metallbügel) zuzulegen. Der beste Weg, um herauszufinden, welche BH-Größe du benötigst, besteht darin, deinen Brustumfang zu messen. Die BH-Größe wird durch zwei Maße bestimmt: durch die BH-Weite und die Körbchengröße (Cup-Größe). In den meisten Fachgeschäften kannst du deine Brust professionell vermessen lassen oder ermittle die richtige Größe mit einem Online-Rechner im Internet.

Mit der folgenden Tabelle kannst du deine Brustgröße aber auch selbst berechnen. Dafür musst du nur mit einem Maßband deinen Brustumfang und deine Unterbrustweite direkt unterhalb deiner Brust ausmessen.

UNTER-BRUSTWEITE	63-67	68-72	73-77	78-82	83-87	88-92	93-97	98-102
GRÖSSE	65	70	75	80	85	90	95	100
CUP AA	75-76	80-81	85-86	90-91	95-96	100-101	105-106	
CUP A	77-78	82-83	87-88	92-93	97-98	102-103	107-108	112-113
CUP B	79-80	84-85	89-90	94-95	99-100	104-105	109-110	114-115
CUP C	81-82	86-87	91-92	96-97	101-102	106-107	111-112	116-117
CUP D	83-85	88-89	93-94	98-99	103-104	108-109	113-114	118-119
CUP E		90-92	95-96	100-101	105-106	110-111	115-116	120-121
CUP F		92-93	97-98	102-103	107-108	112-113	117-118	122-123
CUP G		94-96	99-101	104-106	109-111	114-116	119-121	124-126

Wenn deine Zahl irgendwo dazwischenliegt, nimm lieber das größere Körbchen. Es ist besser, in die richtige Größe hineinzuwachsen, als ein Körbchen zu wählen, das zu klein ist, vor allem, weil dein Körper gerade schnell wächst. Wenn du Cup A oder eine größere Körbchengröße besitzt, ist es vielleicht Zeit für einen Soft-Cup-BH.

Manche BHs haben Bügel. Das kann bei einem großen Busen hilfreich sein, um einen festeren Halt zu geben, für den Anfang sind sie eher nicht geeignet. Wähle fürs Erste bügellose BHs.

Wenn du deinen BH auf deine Hautfarbe abstimmst, fällt er unter der Kleidung weniger auf. Bei dunkler Haut ist ein dunkler BH unter einem weißen Oberteil weniger sichtbar als ein weißer oder heller BH. Bei heller Haut kannst du BHs in hellen Farbtönen wählen, die mit deiner Hautfarbe harmonieren.

Wie funktioniert das Ding?

Häkchen und Träger und Cups, puh! Herauszufinden, wie man einen BH anzieht, kann ein bisschen kompliziert erscheinen. Niemand von uns wurde mit dieser besonderen Fähigkeit geboren, also scheue dich nicht, deine Mama, deine große Schwester oder eine Erwachsene, die du gut kennst, um Hilfe zu bitten.

Es gibt zwei Möglichkeiten, einen BH anzuziehen. Die erste besteht darin, sich nach vorn zu beugen, die

Arme durch die Träger zu führen und die Brüste in die Körbchen sinken zu lassen. Wenn du dich dann aufrecht hinstellst, kannst du die Häkchen des BHs auf dem Rücken verschließen. Das Unterbrustband des BHs sollte genau unter deinen Schulterblättern sitzen. Manche BHs haben den Verschluss vorn, das erleichtert das Anziehen.

Die zweite Art ist einfacher, wenn es dir schwerfällt, den BH auf dem Rücken zu schließen. Bei dieser Methode hältst du den BH verkehrt herum und mit der Innenseite nach außen. Lege den BH so um, dass sich die Körbchen auf deinem Rücken befinden. Verschließe die Häkchen vorn, drehe den Verschluss dann nach hinten und führe die Träger über die Schultern. Jetzt kannst du die Träger so einstellen, dass sie bequem sitzen. Wenn sich der BH am Rücken zu eng oder zu locker anfühlt, passe den Häkchenverschluss einfach entsprechend an.

Brüste und BHs – das Wichtigste in Kürze

Puh! Zu diesem Thema gibt es eine Menge Informationen. Wenn du gerade ein wenig verwirrt bist, macht das nichts. Du kannst dieses Kapitel auch später noch einmal lesen. Für den Augenblick genügt es, wenn du dir die wichtigsten Dinge über Brüste und BHs merkst, die ich in einer kurzen Liste zusammengefasst habe:

Denk daran, dass dein Körper einzigartig ist und dass sich deine Brüste zum richtigen Zeitpunkt entwickeln werden.

Wenn dir jemand sagt, dass er mehr über deinen Körper weiß als du, höre nicht auf ihn.

Wähle einen BH aus, der bequem ist und gut sitzt.

Fühle dich nicht gezwungen, einen BH zu tragen, wenn du noch nicht bereit dazu bist.

Miss deine Brustgröße oder lass sie vermessen, damit du genau weißt, welche BH-Größe du benötigst.

Versuche nicht, alles allein herauszufinden. Es ist völlig in Ordnung, einen Erwachsenen zu fragen.

Ignoriere alles, was im Fernsehen und in Filmen über Brüste erzählt wird. Es ist fast immer falsch.

Vergleiche deine Brüste – oder irgendeinen anderen Teil deines Körpers – nicht mit denen anderer Mädchen. Du hast andere Gene und deine Gene sind großartig.

Hab Vertrauen in dich und deinen Körper. Du bist die Expertin für deinen Körper!

VERGLEICHE DICH NICHT MIT ANDEREN, DEIN KÖRPER IST GROSSARTIG, SO WIE ER IST!

4

UNTERHALB DES BAUCHNABELS

In den letzten Kapiteln haben wir an verschiedenen Stationen auf der Reise durch die Pubertät Halt gemacht. Von den Wachstumsschüben bis zur Brustentwicklung haben wir uns schon viele Gebiete angesehen. Aber es liegen noch einige Stationen vor uns, bevor diese Reise zu Ende geht. Manche der Veränderungen, die – zumindest für die Außenwelt – weniger wahrnehmbar sind, spielen sich »da unten« im Bereich deiner Unterwäsche ab. Hier erfährst du, was dich erwartet.

DIE HAARE DA UNTEN: SCHAMHAARE

Wir haben schon darüber gesprochen, dass während der Pubertät die Haare wachsen, unter anderem an den Armen, Beinen und unter den Achseln. Eine andere Stelle, an der du mehr Haare sehen wirst, als du gewohnt bist, ist dein Schambereich. Die Schambehaarung setzt häufig nach der Entwicklung der Brüste ein, aber manche Mädchen (etwa 15 Prozent) bemerken schon vorher feine Haare im Schambereich und unter den Achseln.

Dein Körper entscheidet, was zuerst kommt. Um die Schambehaarung besser zu verstehen, solltest du die Namen der einzelnen Teile »da unten« kennen. Die Leute haben sich alle möglichen Namen ausgedacht, um über ihren Intimbereich zu sprechen. Das ist okay, aber es ist genauso wichtig, die richtigen Namen zu kennen. Hier findest du einige deutsche und lateinische Begriffe und Definitionen, die dich zu einer Expertin für den Intimbereich machen.

SCHAM (lat. Vulva)**:** alle sichtbaren, äußeren Teile des Schambereichs

SCHAMHÜGEL: die aus Fettgewebe bestehende Erhebung unterhalb deines Bauchs

SCHAMLIPPEN: die inneren und äußeren Hautfalten der Scham

ÄUSSERE SCHAMLIPPEN: die äußeren Hautfalten der Scham

INNERE SCHAMLIPPEN: die inneren Hautfalten der Scham

Es gibt noch weitere Teile des Schambereichs, die wir später besprechen werden. Da du jetzt die Namen einiger wichtiger Bereiche kennst, können wir nun über die Schamhaare sprechen. Am Anfang sind die Schamhaare oft sehr fein, aber im Laufe der Pubertät werden sie meist kräftiger und dunkler. Wie viele Schamhaare dir wachsen, ähnelt wahrscheinlich dem Haarwachstum an deinen anderen Körperteilen, einschließlich

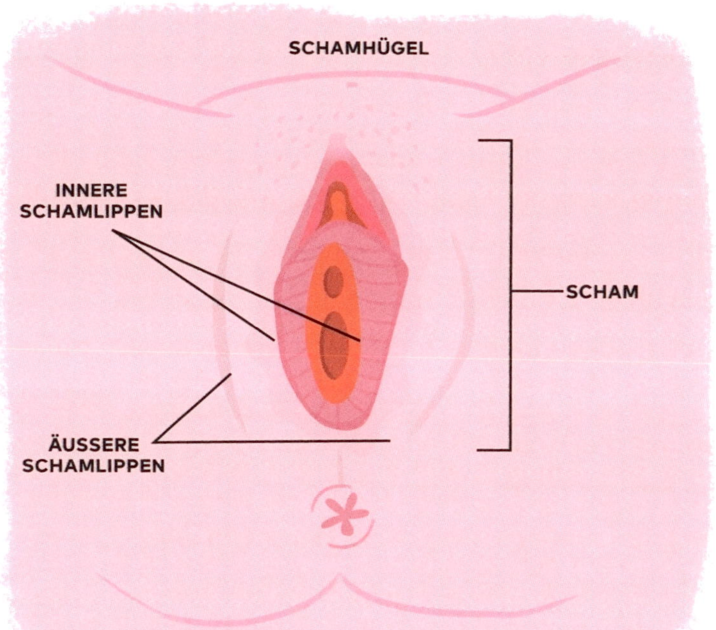

den Haaren auf deinem Kopf. Das Schamhaar ist allerdings meist kräftiger und robuster als das Kopfhaar. Es wächst in der Regel zuerst auf dem Schamhügel und an den äußeren Schamlippen und bildet, wenn es voll ausgebildet ist, die Form eines umgedrehten Dreiecks.

Pflege deine Haare

Wie andere Haare an deinem Körper sollten auch die Schamhaare gepflegt werden. Aber keine Sorge, die Pflege der Schamhaare ist ganz einfach. Wir haben schon besprochen, wie Bakterien und Schweiß an den Scham- und Achselhaaren zu einem unangenehmen Geruch führen können. Der beste Weg, um den Schweiß und Geruch in diesen Bereichen unter Kontrolle zu halten, besteht darin, täglich zu duschen, sich danach gründlich abzutrocknen und Baumwollunterwäsche zu tragen. Baumwollstoffe besitzen winzige Löcher, die einen kühlenden Effekt haben und dafür sorgen, dass die Haut trocken bleibt. Im Schambereich sollest du keine parfümierten Produkte verwenden – die Chemikalien können die Haut reizen und manchmal sogar Entzündungen auslösen. Baden oder duschen, gründliches Abtrocknen und das Tragen sauberer Unterwäsche ist am wichtigsten bei der Pflege der Schamhaare.

Badeanzüge & Co.

Wenn du dir Sorgen machst, dass deine Schamhaare aus dem Badeanzug oder der Bikinihose herausschauen könnten, kannst du dir Schwimmzeug mit einem Unterteil im Shorts-Stil besorgen. Diese Unterteile bedecken auch einen Teil der Oberschenkel und eignen sich gut, um Schamhaare, die in diese Richtung wachsen, zu verdecken. Wenn du einen Turnanzug trägst, kannst du die Haare in der »Bikinizone« (das ist der mit Schamhaaren bewachsene Bereich, der nicht bedeckt wird) mit einer kleinen Nagelschere abschneiden. Manche benutzen einen Rasierer, aber lass dir beim ersten Mal unbedingt von einem Erwachsenen helfen. Wenn du nicht aufpasst, kannst du dir dabei schmerzhafte Schnitte, einen Hautausschlag oder Rasierpickel zuziehen. Manche Leute entfernen ihre Schamhaare durch Waxing. Dabei wird heißes Wachs verwendet, um die Haare auszureißen. Autsch! Das tut weh. Vergiss nicht, dass Schamhaare ein natürlicher Teil der Pubertät sind und eine Rasur oder Waxing überhaupt nicht notwendig sind. Du kannst deinen Körper auch mit Schamhaaren lieben!

VERÄNDERUNGEN IN DER SCHEIDE

Neben der Schambehaarung gibt es während der Pubertät noch andere Veränderungen an deinen Geschlechtsorganen. Bevor wir uns damit beschäftigen, ergänzen wir unsere Liste mit Expertenwörtern für diesen Körperbereich um ein paar weitere Begriffe:

KITZLER (lat. Klitoris): die kleine, sehr empfindsame Hautknospe am oberen Ende der inneren Schamlippen

HARNRÖHRENAUSGANG: das kleine Loch unter dem Kitzler, aus dem der Urin den Körper verlässt

SCHEIDE (lat. Vagina): die Öffnung und der Kanal, der zu den inneren Körperteilen führt, die für die Fortpflanzung zuständig sind. Ausfluss, Menstruationsblut und Babys verlassen den Körper durch diese Öffnung.

Diese Begriffe zu kennen, wird dir dabei helfen, die Veränderungen zu verstehen, die dein Körper während der Pubertät durchmacht.

Ausfluss

Etwa sechs Monate bis ein Jahr vor deiner ersten Periode wirst du vermutlich weiße oder gelbliche Flecken in deiner Unterwäsche entdecken. Was du siehst, nennt sich Ausfluss oder Weißfluss und ist ein ganz normaler Teil der Pubertät.

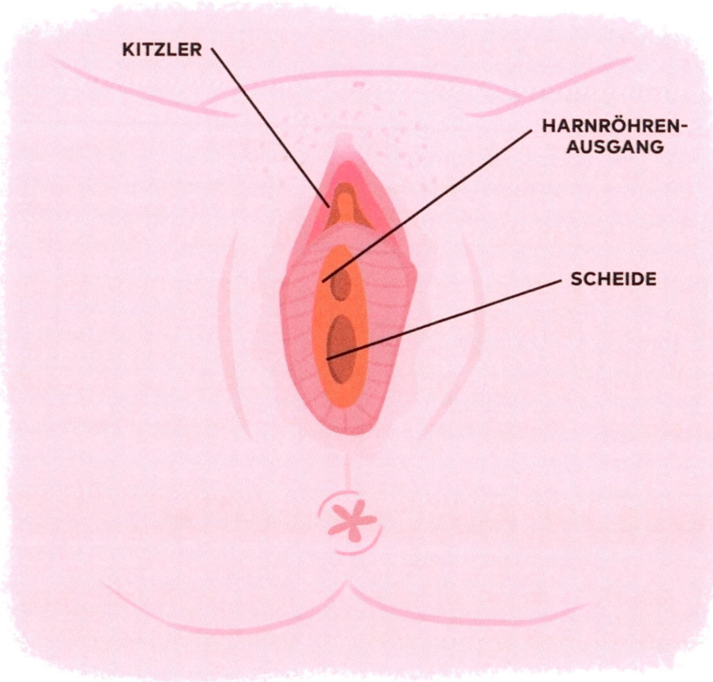

Scheidenausfluss ist eine Kombination aus Schleim und Flüssigkeit, die aufgrund des Hormonanstiegs im Körper gebildet wird, und den Körper darauf hinweist, dass bald die Menstruation einsetzen wird. Soll ich dir etwas wirklich Erstaunliches verraten? Die Scheide ist ein Körperteil, das sich selbst reinigt. Cool, oder?

Ausfluss besteht aus einer Flüssigkeit, die von Drüsen in der Scheide gebildet wird, um unerwünschte Bakterien fortzuspülen. Der Scheidenausfluss kann mehr oder weniger dickflüssig sein und seine Farbe im Laufe des Monats verändern, je nach Zeitpunkt im Menstruationszyklus. Der Ausfluss kann mal dünnflüssig und durchsichtig sein, mal zähflüssig und gelblich. Wenn Ausfluss in der Unterhose trocknet, kann er leicht bräunlich erscheinen. Kleine Veränderungen beim Ausfluss sind normal. Der Ausfluss begleitet Frauen bis weit ins Erwachsenenalter hinein. Er lässt nach oder hört auf, wenn ältere Frauen ihre Periode nicht mehr bekommen (eine Phase, die man Menopause nennt).

Werde zur Ausflussexpertin!

Der Ausfluss kann dir viel darüber verraten, was in deinem Körper zu verschiedenen Zeitpunkten während eines Monats vor sich geht. Wenn du einschätzen kannst, wann dein Ausfluss normal ist, wird dir auch auffallen, wenn etwas anders ist als sonst. Deinen Körper zu beobachten ist eine gute Möglichkeit, dich um deinen Intimbereich zu kümmern!

LEICHT GELBLICHER AUSFLUSS: Es ist normal, wenn beim Abwischen oder in der Unterhose etwas gelblicher Ausfluss zu sehen ist, vor allem etwa ein Jahr, bevor du deine erste Periode bekommst. Diese Art von Ausfluss ist ein Anzeichen dafür, dass sich der Körper auf die Periode vorbereitet.

WEISSER, ZÄHFLÜSSIGER AUSFLUSS: Dieser Scheidenausfluss ist sowohl zu Beginn als auch am Ende der Periode üblich. Wenn der Ausfluss jedoch klumpig ist – und so ähnlich wie Hüttenkäse aussieht –, solltest du mit einem Erwachsenen, dem du vertraust, darüber sprechen, da es ein Zeichen für eine Infektion sein könnte.

DURCHSICHTIGER UND DEHNBARER AUSFLUSS: ist ein Zeichen für den Eisprung – eine Eizelle wird freigesetzt

DURCHSICHTIGER UND WÄSSRIGER AUSFLUSS: Diese Art von Ausfluss ist zu jedem Zeitpunkt des Zyklus normal. Wenn du aktiver bist und Sport treibst, kann es sein, dass du mehr davon zu sehen bekommst.

GELBER ODER GRÜNER AUSFLUSS: Ein Ausfluss in dieser Farbe kann auf eine Scheidenentzündung hindeuten. Bitte einen Erwachsenen, mit dir zum Arzt zu gehen. Aber mach dir keine Sorgen – die meisten dieser Entzündungen lassen sich mit Medikamenten gut behandeln.

BRAUNER AUSFLUSS: ist meist ein Zeichen dafür, dass die Scheide sich selbst reinigt und altes Blut beseitigt, das während der letzten Periode nicht ausgeschieden wurde

Ausfluss hat oft einen leichten Geruch, was ganz natürlich ist. Wenn dein Ausfluss jedoch grün oder dunkelgelb ist, juckt, brennt oder in irgendeiner Weise schmerzhaft ist, hast du möglicherweise eine Entzündung. Da die Scheide ein empfindlicher Bereich deines Körpers ist, kann dies leicht passieren – das heißt aber nicht, dass du irgendetwas falsch gemacht hast. Wenn man parfümierte Pflegeprodukte verwendet, feuchte Badeanzüge trägt oder zu lange enge Kleidung trägt, kann das zu Reizungen oder Entzündungen führen. Achte darauf, wie dein Ausfluss normalerweise aussieht, dann wirst du gleich bemerken, wenn etwas nicht stimmt. Wenn du Anzeichen einer möglichen Entzündung bemerkst, solltest du mit einem Erwachsenen oder mit einem Arzt oder einer Ärztin darüber sprechen. Sie können dir sagen, was du dagegen tun kannst.

Manche Mädchen mögen das Gefühl von Feuchtigkeit zwischen den Beinen und die Flecken in der Unterwäsche, die der Ausfluss gelegentlich verursacht, nicht. Dann kann die Verwendung von Slipeinlagen hilfreich sein. Slipeinlagen sind dünne Stoffstreifen, die man in den Schritt der Unterhose kleben kann. Sie nehmen Feuchtigkeit auf und verhindern Flecken auf der Unterhose (mehr dazu in Kapitel 5). Denk daran, dass saubere Baumwollunterwäsche und tägliches Duschen oder Baden der beste Weg sind, um deine Scham, deine Scheide und all die anderen Teile da unten optimal zu pflegen.

**LERNE,
DIE ZEICHEN
DEINES KÖRPERS
ZU LESEN UND
RICHTIG ZU
DEUTEN!**

5

DIE PERIODE

Wenn du an diesem Punkt angelangt bist, hast du schon viel über Veränderung und Wachstum in der Pubertät erfahren. Du weißt, dass deinem Körper während der Pubertät Brüste wachsen, die später einmal Milch produzieren können, um ein Baby zu ernähren. Du hast auch erfahren, dass dir neue Haare an Stellen wachsen werden, an denen du vorher nie Haare hattest. Und du hast gelernt, dass der Ausfluss, der aufgrund des Hormonanstiegs im Körper gebildet wird, eine Möglichkeit für die Scheide ist, sich selbst zu reinigen. Diese großen Veränderungen haben dich auf die vielleicht wichtigste Station deiner Reise vorbereitet: den Beginn der Menstruation – auch bekannt als Periode.

WORUM ES GEHT

Die Menstruation ist ein Zeichen deines Körpers, dass er wächst, sich verändert und sich darauf vorbereitet, schwanger werden zu können, wenn du das eines Tages möchtest. Auf der ganzen Welt gibt es mehr als 5000 Wörter in der Umgangssprache für die Menstruation, darunter die Periode, die Regel haben, seine Tage haben, Erdbeerwoche, Schmollwoche, Rote Woche, Besuch von Tante Rosa, Rote Zora, die rote Flut, auf der roten Welle surfen. Wie du siehst, gibt es einige positive und lustige Begriffe dafür, aber viele Mädchen und Frauen sagen einfach »Ich habe meine Tage«.

Ich habe bereits erwähnt, dass die erste Periode in vielen Kulturen eine ganz besondere und wichtige Zeit im Leben eines Mädchens ist. In anderen Kulturen ist es einfach eine von vielen interessanten Sachen, die der Körper macht. Wie auch immer du über deine Periode denkst, es ist in Ordnung. Am wichtigsten ist, dass du weißt, was dich erwartet und wie du deinen Körper während der Periode pflegen kannst.

VORBEREITUNG

Damit die Pubertät eine angenehme Zugreise wird, ist es wichtig, gut vorbereitet zu sein. Mit der Lektüre dieses Buches hast du bereits einen wichtigen Schritt unternommen, um sicher zu sein, dass du gut informiert bist – das ist viel besser, als sich auf jemanden in der Schule zu verlassen, der etwas von seiner Schwester gehört hat, die es von ihrer Tante weiß, der es die Dame im Schuhladen gesagt hat. Jetzt ist es Zeit für weitere Fachbegriffe und Definitionen, die deine Geschlechtsorgane beschreiben. Wenn du diese Wörter kennst, wird es dir leichter fallen, die Veränderungen, die in deinem Körper vor sich gehen, zu verstehen.

GEBÄRMUTTER: ein hohles, birnenförmiges Organ im Unterleib. Während der Schwangerschaft nistet sich eine befruchtete Eizelle in der Gebärmutterwand ein und wächst zu einem Baby heran.

EIERSTOCK: eines der beiden ovalen Organe, in denen die Eizellen produziert und im Körper aufbewahrt werden

EIZELLEN: beinhalten das Erbgut der Mutter und sind in den Eierstöcken eingebettet

EILEITER: einer von zwei Gängen, durch den die Eizelle vom Eierstock zur Gebärmutter wandert

EISPRUNG: die Abgabe einer Eizelle aus dem Eierstock für eine mögliche Befruchtung

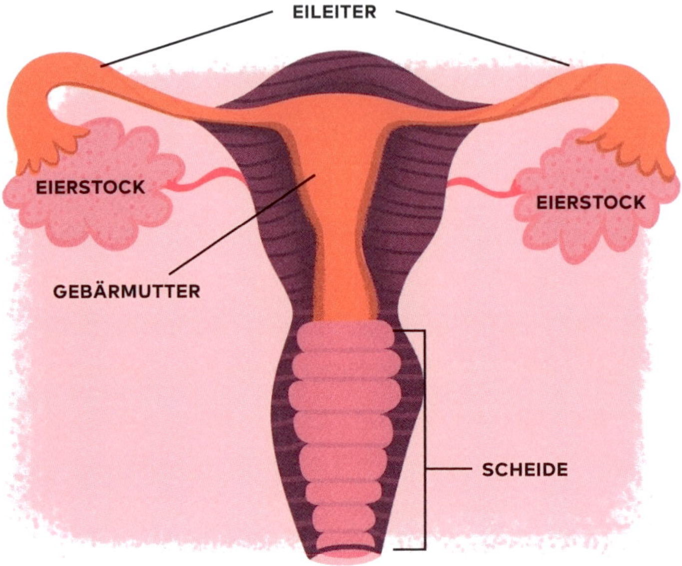

Östrogene und deine Eierstöcke

Seit dem Beginn der Pubertät bereitet sich dein Körper auf die Menstruation vor. Er hat eine Reihe von Hormonen ausgeschüttet, die benötigt werden, damit der Zug der Pubertät Fahrt aufnimmt. Jetzt muss dein Körper zwei mächtige Hormone ausschütten, um bereit für die Menstruation zu sein: Östrogen und Progesteron. Wenn dies geschieht, weiß dein Körper, dass es Zeit ist, in den Bahnhof Menstruation einzufahren.

Der Menstruationszyklus

Mit dem Einsetzen der Periode beginnt ein Prozess, der etwa 28 Tage lang dauert und normalerweise einmal im Monat abläuft. Die Zeitspanne von dem Tag, an dem du zum ersten Mal Blut siehst, bis zu dem Tag im nächsten Monat, an dem du wieder Blut siehst, ist dein Menstruationszyklus. Durchschnittlich dauert ein Zyklus 28 Tage, aber es ist auch normal, wenn dein Zyklus länger oder kürzer ist. Während des Menstruationszyklus arbeiten alle Fortpflanzungsorgane mithilfe deiner Hormone zusammen, um deinen Körper darauf vorzubereiten, eines Tages ein Baby zu bekommen. Ein Baby heranwachsen zu lassen ist eine Menge Arbeit für den Körper, also bereitet er sich im Grunde jeden Monat darauf vor und übt schon mal, egal, ob du jemals ein Baby bekommen wirst oder nicht.

Jeden Monat schickt dein Gehirn eine Nachricht an die Eierstöcke, dass sie Östrogene produzieren sollen. Deine Eierstöcke, die beiden murmelgroßen Organe oberhalb der Gebärmutter, enthalten Tausende winzige Eizellen. Die Produktion von Östrogenen signalisiert den Eierstöcken, dass eine Eizelle freigesetzt werden soll. Den Vorgang der Freisetzung einer Eizelle aus dem Eierstock nennt man Eisprung.

⋆ ⋆ FASZINIERENDE FAKTEN ⋆ ⋆

Wusstest du, dass alle Eizellen in deinen Eierstöcken schon von Geburt an da sind? Sie warten geduldig, bis sie eines Tages an der Reihe sind, befruchtet zu werden und zu einem Baby heranzuwachsen oder eine Einladung zur Periodenparty zu bekommen!

Eileiter, Gebärmutter und die Scheide

Sobald die Eizelle den Eierstock verlassen hat, wandert sie durch einen der Eileiter hinunter in die Gebärmutter. Das ist keine kurze Reise. Es kann drei Tage oder länger dauern, bis die Eizelle einen Weg von etwa drei Zentimetern zurückgelegt hat. Wenn du so klein wärst, würdest du wahrscheinlich auch nur sehr langsam vorankommen! Während die Eizelle durch den Eileiter wandert und du deinen alltäglichen Beschäftigungen nachgehst – zur Schule gehst, dich mit Freunden triffst, im Haushalt hilfst und deine Hausaufgaben erledigst –, hilft das Hormon Progesteron deiner Gebärmutter, eine nährstoffreiche Schleimhautschicht aus Blut, Gewebe und Eiweiß zu bilden, für den Fall, dass eine befruchtete Eizelle ankommt. Die

Gebärmutter ist der Ort, an dem sich eine befruchtete Eizelle an der Gebärmutterschleimhaut festsetzen würde, um Nährstoffe aufzunehmen und sich zu einem Baby zu entwickeln. Wenn die Eizelle nicht befruchtet ist, scheidet der Körper sie zusammen mit der Gebärmutterschleimhaut durch die Scheide aus. Sobald die Gebärmutter die Schleimhaut während der Periode abgestoßen hat, beginnt der Körper mit der Bildung einer neuen Schleimhaut und der Zyklus beginnt von vorne. Das ist ziemlich faszinierend!

Wie lange dauert eine Periode und wann werde ich meine Periode bekommen?

Wann deine Periode einsetzen wird, gehört auch zu den geheimen Informationen, die nur dein Körper besitzt. Viele Mädchen bekommen ihre erste Periode ungefähr zweieinhalb Jahre nach den ersten Anzeichen für Brustknospen oder etwa sechs Monate, nachdem sie zum ersten Mal Ausfluss bemerkt haben. Es gibt auch Mädchen, die ihre Periode schon mit neun Jahren oder erst mit 16 Jahren bekommen. Wann auch immer deine Periode einsetzt, es wird der perfekte Zeitpunkt für deinen Körper sein.

Wie lange deine Periode dauert, hängt auch von deinem einzigartigen Körper ab. Wenn du deine Periode zum ersten Mal bekommst, dauert sie vermutlich nicht so lange, etwa drei oder vier Tage, und du hast vielleicht nur ein paar rosa, hellrote oder bräunliche Blutflecken in deiner Unterwäsche. Wenn du deine Periode regelmäßig bekommst, kann sie zwei Tage lange dauern oder auch bis zu sieben Tage lang. Es ist wahrscheinlich, dass deine Periode am Anfang nicht regelmäßig kommt. Manchmal kann es bis zu sechs Jahre dauern, bis sich ein regelmäßiger Zyklus einstellt. Dieser Zug ist aufregend, aber manchmal fährt er ein bisschen langsam!

Wie stark wird die Blutung sein?

Mädchen können eine leichte oder eine starke Regelblutung haben oder beides abwechselnd. Auch bei einer starken Regelblutung verlieren die meisten Mädchen nur etwa zwei Esslöffel Blut während der Periode. Es kann etwas mehr oder etwas weniger bei dir sein. Bei manchen Mädchen enthält die Blutung auch Blutklümpchen, das ist dickeres Blut, das in geleeartigen Klumpen austritt, was ein bisschen eklig klingt, aber ganz normal ist.

Tut es weh, wenn ich meine Periode bekomme?

Wenn du deine Periode bekommst, wird die Gebärmutterschleimhaut abgestoßen. Das Abstoßen kann sich wie ein Krampf unterhalb des Bauchnabels anfühlen. Manche Mädchen spüren nicht viel davon, für andere

★ ★ DU BIST NICHT ALLEIN! ★ ★

»Denise hat schon ihre Tage bekommen. Ich werde sie erst mit 100 bekommen!«
Genau in diesem Moment führen Tausende Mädchen auf der ganzen Welt ein ähnliches Gespräch mit sich selbst. Sie stapfen frustriert durchs Haus und denken, dass sie das letzte Mädchen an der ganzen Schule sein werden, das seine Periode bekommt. Es ist wichtig zu wissen, dass die meisten Mädchen viel zu viel Zeit damit verbringen, sich Gedanken darüber zu machen, wann sie ihre Periode bekommen werden, oder den Zeitpunkt ihrer ersten Periode mit dem ihrer Freundinnen zu vergleichen. Mädchen bekommen ihre Periode in unterschiedlichem Alter und zu verschiedenen Zeitpunkten, je nachdem, wie es ihre Gene, die Familiengeschichte und die gute alte Mutter Natur am besten für sie halten. Der Periodenzug folgt bei jedem Mädchen einem anderen Fahrplan. Wann auch immer er den Bahnhof erreicht, es wird genau der richtige Zeitpunkt sein!

kann es ein bisschen unangenehm sein. Schließlich beansprucht der Körper diese Muskeln nicht jeden Tag, sondern nur an wenigen Tagen im Monat, und manchmal tun die Muskeln dann weh. Das ist so, wie wenn du zum Wandern gehst und einen steilen Berg hinaufsteigst. Am nächsten Tag wirst du vermutlich einen Muskelkater in den Beinen haben. Viele Dinge, die gegen den Muskelkater in den Beinen helfen, können auch den Muskeln der Gebärmutter helfen: eine Wärmflasche oder ein Heizkissen, ein heißes Bad und eine kleine Massage.

Solltest du jedoch vor oder während deiner Periode starke Schmerzen haben (so schlimm, dass es dir schwerfällt, aus dem Bett zu kommen oder den Schultag durchzustehen), dann sprich mit einem vertrauten Erwachsenen darüber. Du kannst dich auch an einen Arzt oder eine Ärztin wenden. Denn warum solltest du mehr leiden als nötig?

Meine Periode und PMS

Dein Körper ist schlau. Er wird dir Signale geben, um dir mitzuteilen, dass deine Periode bevorsteht. Diese Anzeichen machen nicht gerade Spaß, aber sie sind ein Zeichen dafür, dass sich dein Körper auf eine anstrengende und wichtige Arbeit vorbereitet. Eine Woche oder ein paar Tage vor deiner Periode kann deine Brust besonders empfindlich sein, du bist vielleicht gereizt und dein Unterbauch kann sich schwer oder aufgebläht anfühlen, manchmal können auch Krämpfe auftreten. Diese Beschwerden nennt man Prämenstruelles Syndrom (PMS).

Viele Mädchen haben diese Beschwerden. Die gute Nachricht ist, dass man etwas tun kann, um sie zu lindern. Mit der richtigen Ernährung kannst du deinen Körper bei PMS-Beschwerden unterstützen. Um die Gebärmutterschleimhaut jeden Monat wieder aufzubauen, benötigt der Körper viele Nährstoffe, deshalb ist es wichtig, viele gesunde Lebensmittel zu essen. Lebensmittel, die Kalzium (zum Beispiel Joghurt und Milch), Eisen (grünes Blattgemüse und rotes Fleisch), Ballaststoffe (Vollkornprodukte) und viele Vitamine (frisches Obst und Gemüse) enthalten, helfen deinem Körper vor, während und nach der Periode. Auch Bewegung und leichte Übungen können die Zeit des PMS erleichtern.

Kann man Periodenblut riechen?

Periodenblut kann einen leichten Geruch haben, aber man kann es nicht durch die Kleidung hindurch riechen. Niemand weiß, dass du deine Periode hast, außer du erzählst es. Wie du bereits gelernt hast, hilft tägliches Waschen und das Tragen sauberer Unterwäsche dabei, geruchsbildende Bakterien zu bekämpfen. Das gilt auch während der Periode. Das regelmäßige Wechseln der Binde oder des Tampons (siehe Seite 92) kann ebenfalls dazu beitragen, dass du dich während der Periode frisch und sauber fühlst.

Den Zeitpunkt der Periode notieren

Wenn du wissen willst, wann du mit deiner nächsten Periode rechnen kannst, schreibe dir die Tage auf, an denen du deine Tage hast. Dein Menstruationszyklus beginnt mit dem ersten Tag deiner Periode (dem ersten Tag, an dem du Blut siehst) in einem Monat und dauert bis zum ersten Tag deiner Periode im nächsten Monat. Der durchschnittliche Zyklus dauert 28 Tage, ein Zyklus kann aber auch bis zu 45 Tage dauern oder nur 21 Tage. Zeichne am ersten Tag – und dann an

jedem weiteren Tag – deiner Periode ein kleines Herz in deinen Kalender.

Wenn deine Periode vorbei ist, beginne beim ersten Herz und zähle die Tage bis zum Beginn der nächsten Periode. Diese Anzahl an Tagen ist deine Zyklusdauer. Es wird eine Weile dauern, bis sich ein regelmäßiger Zyklus einstellt, die Anzahl der Tage kann also eine Zeit lang unterschiedlich sein. Du kannst auch coole Apps und Webseiten verwenden, die dir dabei helfen, deine Periode zu verfolgen, damit du weißt, wann du die nächste Periode bekommst.

Wenn du deine Periode zum ersten Mal bekommst, freu dich darüber. Dein Körper hat dafür erstaunliche Arbeit geleistet!

HYGIENE WÄHREND DER PERIODE

Puh! Das war eine Menge an Informationen. Aber das ist noch nicht alles. Du weißt jetzt, was in deinem Körper passiert, wenn du »deine Tage« hast. Nun können wir über Körperpflege und Hygiene während der Periode sprechen. Bald wirst du alles wissen, was du über Binden, Tampons und Ähnliches wissen musst, um die Menstruation mit Leichtigkeit zu bewältigen.

Binden, Tampons und mehr

Es gibt verschiedene Produkte für die persönliche Hygiene während der Periode. Die beiden beliebtesten Produkte sind Binden (auch Damenbinden genannt) und Tampons. Sowohl Binden als auch Tampons wurden dafür entwickelt, die Menstruationsflüssigkeit aufzusaugen.

Eine Damenbinde ist ein rechteckiger Streifen, der aus saugfähigem Material besteht und mit einem Klebestreifen an der Unterwäsche befestigt wird. Sie nimmt das Blut auf, wenn es den Körper verlässt. Als Tampon bezeichnet man einen schmalen, zylinderförmigen Bausch aus Baumwolle und anderen Materialien, der in die Scheide eingeführt wird. Er saugt das Blut im Inneren des Körpers auf. Manche Firmen stellen auch Menstruationstassen her. Das sind kleine Kunststoff- oder

Gummitassen, die das Blut in der Scheide auffangen. Es gibt Mädchen, die Binden verwenden, andere, die Tampons lieber mögen, und wieder andere, die Menstruationstassen bevorzugen. Manche Frauen und Mädchen verwenden sogar alle drei Produkte während ihrer Periode. Du wirst ein wenig Zeit und Übung brauchen, um herauszufinden, was für dich die beste Wahl ist.

Hygieneartikel einkaufen

Tampons und Binden gibt es in den meisten Supermärkten und in allen Drogerien. Menstruationstassen sind etwas schwieriger zu finden, allerdings gibt es sie mittlerweile auch schon in einigen Drogeriemärkten. Sie sind zwar in der Anschaffung etwas teurer, im Gegensatz zu Binden und Tampons, die regelmäßig gewechselt werden müssen, können Menstruationstassen aber bei guter Pflege auch jahrelang halten.

Binden und Tampons gibt es in verschiedenen Größen und mit unterschiedlicher Saugfähigkeit (wie viel Flüssigkeit sie aufnehmen können) für starke, normale und leichte Regelblutungen.

Wie man Binden verwendet

Damenbinden bestehen aus Baumwolle, synthetischen und anderen Materialien, die das Blut während der Periode aufsaugen. An der Unterseite befindet sich ein Klebestreifen, den du an der Innenseite deiner Unterhose festdrückst, damit die Binde an ihrem Platz bleibt. Pass auf, dass die klebrige Seite nicht aus Versehen nach oben zeigt ... autsch!

Wenn die Binde fest sitzt, kannst du die Unterhose hochziehen und deinen Tag fortsetzen. Je nachdem, wie stark deine Periode ist, wirst du die Binde mehrmals am Tag wechseln müssen. Binden gibt es in verschiedenen Größen und mit unterschiedlicher Saugfähigkeit.

Hier findest du eine kleine Orientierungshilfe, wann du welche Art von Binde benötigst und wie oft du sie wechseln solltest:

AUSFLUSS UND SEHR LEICHTE BLUTUNG: Slipeinlagen eignen sich gut für diese Tage. Du solltest sie ungefähr **alle vier Stunden wechseln, oder nach Bedarf**.

LEICHTE BIS MITTLERE BLUTUNG: Normale oder ultradünne Binden eignen sich gut für diese Tage. Du solltest die Binde **alle drei bis vier Stunden wechseln oder wenn du es für nötig hältst.**

STARKE BLUTUNG: Super-, Maxi- oder Übernacht-Binden sind am besten geeignet, wenn deine Blutung stark ist. Auch wenn die Blutung nicht so stark ist, fühlst du dich mit einer Nachtbinde vielleicht wohler, wenn du schläfst. Die Super- oder Maxi-Binde solltest du tagsüber etwa **alle zwei bis drei Stunden wechseln oder nach Bedarf. Übernacht-Binden müssen normalerweise nicht vor dem Morgen gewechselt werden.**

Manche Binden haben Flügel. Das sind kleine Klebelaschen an den Seiten der Binde, die man um die Unterhose herumwickeln kann. Die Flügel verhindern, dass die Binde verrutscht und Menstruationsblut in die Unterwäsche ausläuft.

Gebrauchte Binden entsorgen

Damenbinden sind Einwegartikel, aber man kann sie nicht in der Toilette hinunterspülen. Sie können die Abflussrohre verstopfen! Um die Binde richtig zu entsorgen, rolle sie mit der klebenden Seite nach außen auf.

Wenn sie fest zusammengerollt ist, wickle die Binde mit Toilettenpapier ein und wirf sie in den Müll. Wenn du einen Hund hast, solltest du darauf achten, die gebrauchten Binden in einen Mülleimer zu werfen, an den der Hund nicht herankommt. Hunde scheinen gebrauchte Binden zu lieben.

Einige Unternehmen stellen waschbare und wiederverwendbare Damenbinden her. Wenn du im Drogeriemarkt keine Stoffbinden findest, schau dich im Internet um, dort wirst du verschiedene Anbieter und Webseiten mit Informationen zu natürlichen und wiederverwendbaren Binden finden.

Wie man Tampons verwendet

Viele Mädchen entscheiden sich dafür, Tampons erst zu benutzen, wenn sie älter sind. Manche fühlen sich zu Beginn ihrer Periode nicht bereit oder wohl damit, etwas zu benutzen, was in ihren Körper eingeführt wird. Egal, wofür du dich entscheidest, es ist in Ordnung. Du weißt, was das Beste für deinen Körper ist.

Ein Tampon ist zylinderförmig und besteht aus Baumwolle und anderen Materialien, die das Periodenblut aufsaugen, bevor es den Körper verlässt. Am Tampon ist ein langer Faden befestigt, an dem du den Tampon herausziehen kannst, wenn es Zeit ist, ihn zu wechseln. Weil Tampons das Blut im Körper auffangen, sind sie praktisch beim Schwimmen oder bei anderen

Aktivitäten, bei denen eine Binde stören würde. Beim Schwimmen solltest du keine Binde verwenden, weil sie sich mit Wasser vollsaugen würde. Das wäre sehr unangenehm!

Ähnlich wie Damenbinden gibt es auch Tampons in verschiedenen Größen und mit unterschiedlicher Saugfähigkeit, die du je nach Stärke deiner Periodenblutung verwenden kannst.

MINI: Diese Tampons eignen sich gut bei einer sehr leichten Blutung. Sie sind auch eine gute Wahl, wenn du zum ersten Mal Tampons verwendest, weil sie sich leicht einführen lassen.

NORMAL: Diese Größe eignet sich gut bei mittelstarker Blutung. Sie werden am häufigsten verwendet.

SUPER: Diese Tampons sind für starke Blutungen geeignet. Vielleicht wirst du sie ab und zu brauchen, aber am Anfang solltest du sie nicht verwenden. Benutze sie erst, wenn du etwas Übung im Einführen von Tampons hast.

SUPER PLUS: Diese Größe ist für Tage mit einer sehr starken Blutung. Wie die Super-Tampons solltest du sie erst verwenden, wenn du etwas Übung im Einführen von Tampons hast.

Du solltest immer den Tampon mit der kleinstmöglichen Aufnahmefähigkeit verwenden, die du brauchst. Beginne mit der Größe Mini oder Normal und probiere dann, wenn du dich daran gewöhnt hast, Tampons mit einer höheren Saugfähigkeit aus, falls du sie benötigst. Etwa **alle vier Stunden** solltest du den Tampon wechseln. Es kann sein, dass am Anfang nicht viel Blut an deinem Tampon ist. Das macht nichts. Wechsle den Tampon trotzdem regelmäßig, um Bakterien und Geruchsbildung zu vermeiden.

Manche Tampons haben einen Applikator, um das Einführen in die Scheide zu erleichtern, andere haben keinen Applikator und werden einfach mit den Fingern eingeführt. Hier erfährst du, wie das funktioniert.

Wie man einen Tampon mit Applikator einführt:

1. Das Wichtigste zuerst: Achte auf saubere Hände. Wenn du dir die Hände gewaschen und abgetrocknet hast, nimm den Tampon aus der Verpackung.

2. Die meisten Frauen führen den Tampon im Stehen ein. Du kannst ein Bein auf den Toilettensitz stellen oder einfach etwas in die Knie gehen, während du den Tampon in deiner dominanten Hand (der Hand, mit der du schreibst) hältst.

3. Halte den Tampon an der Stelle in der Mitte fest, an der das kleinere, innere Röhrchen im größeren, äußeren Röhrchen (dem Applikator) verschwindet. Achte darauf, dass der Faden nach unten (vom Körper weg) zeigt.

TIPP: Wenn du nervös bist, kann es schwierig sein, den Tampon einzuführen, weil deine Muskeln dann angespannt sind. Atme ein paar Mal tief ein und aus und versuche dich zu entspannen, bevor du beginnst.

4. Führe die Spitze des äußeren Röhrchens in die Scheidenöffnung ein. Du kannst mit der anderen Hand deine Schamlippen etwas öffnen, damit du den Tampon leichter einführen kannst.
5. Schiebe das äußere Röhrchen sanft in die Öffnung, in Richtung deines unteren Rückens. Schiebe so lange, bis deine Finger deinen Körper berühren.
6. Wenn sich das äußere Röhrchen in deiner Scheide befindet, schiebe das innere Röhrchen mit dem Zeigefinger durch das äußere Röhrchen.
7. Wenn das innere Röhrchen vollständig eingeführt ist, ziehe beide Röhrchen gleichzeitig heraus, stecke sie in die Verpackung oder rolle sie in Toilettenpapier ein und wirf sie weg. (Spüle sie nicht die Toilette hinunter.) Achte darauf, dass das Fadenende aus der Scheide herausschaut.
8. Wenn du den Tampon spürst oder dich unwohl fühlst, hast du ihn nicht richtig eingeführt. Nimm den Tampon heraus, indem du vorsichtig am Rückholfaden ziehst, und beginne von vorn.
9. Wasch dir noch einmal die Hände.

★ ★ TAMPON-WARNHINWEIS ★ ★

Die Verwendung von Tampons während der Periode ist zwar sicher, du solltest den Tampon aber regelmäßig wechseln. Er sollte nie länger als acht Stunden oder über Nacht im Körper bleiben. Wenn ein Tampon zu lange in der Scheide bleibt, besteht ein erhöhtes Risiko, das Toxische Schocksyndrom (TSS) zu entwickeln. TSS ist eine äußerst seltene bakterielle Infektion, von der man sehr krank werden kann. Bei Erbrechen, Durchfall, Fieber, wenn dir schwindelig wird oder du einen Ausschlag bekommst, der wie ein Sonnenbrand aussieht, entferne den Tampon sofort, informiere einen Erwachsenen und gehe sofort zum Arzt.

Wie man einen Tampon ohne Applikator einführt:

1. Wasche deine Hände gründlich mit Wasser und Seife. Wenn du dir die Hände abgetrocknet hast, packe den Tampon aus.
2. Ziehe am Faden, um sicherzugehen, dass er fest am Tampon befestigt ist.

3. Die meisten Frauen führen den Tampon im Stehen ein. Du kannst ein Bein auf den Toilettensitz stellen oder einfach etwas in die Knie gehen, während du den Tampon in deiner dominanten Hand (der Hand, mit der du schreibst) hältst.
4. Achte darauf, dass der Faden sichtbar ist und vom Körper weg zeigt.
5. Öffne mit der anderen Hand die Schamlippen und führe den Tampon an die Scheidenöffnung.
6. Drücke den Tampon vorsichtig in die Öffnung, in Richtung deines unteren Rückens.
7. Wenn sich der Tampon in der Scheide befindet, schiebe ihn mit dem Zeigefinger weiter hinein. Achte darauf, dass der Rückholfaden aus der Scheide herausschaut.
8. Wenn du den Tampon spürst oder dich unwohl fühlst, hast du ihn nicht richtig eingeführt. Nimm den Tampon heraus, indem du vorsichtig am Faden ziehst, und beginne von vorn.
9. Wasch dir noch einmal die Hände.

Um den Tampon zu entfernen, ziehe am Rückholfaden, bis der Tampon herauskommt. (Es kann etwas schwieriger sein, ihn herauszuziehen, wenn sich nur wenig Blut im Tampon befindet. Ziehe einfach vorsichtig weiter.)

Auch wenn nur wenig Blut im Tampon ist, solltest du ihn nicht wiederverwenden. Nimm einen neuen und beginne von vorn. Wickle den gebrauchten Tampon in reichlich Toilettenpapier ein und wirf ihn in den Müll.

Period Bag & Notfallplan für Blutflecken

Auch wenn du dir aufschreibst, wann du deine Tage hast, kannst du einen unangekündigten Besuch von deiner Periode erhalten. Da du auch nicht vorhersehen kannst, wann du deine Tage zum ersten Mal bekommst, empfehle ich dir, immer eine kleine »Period Bag« dabeizuhaben. Eine Period Bag ist ein kleiner Beutel oder ein Täschchen, das mit Dingen gefüllt ist, die du brauchen wirst, wenn deine Periode unerwartet einsetzt. Wenn du immer eine Period Bag griffbereit hast, wirst du gut auf den Besuch vorbereitet sein, egal, wann »Tante Rosa« kommt.

Dinge, die du in deiner Period Bag aufbewahren kannst:

1. Binden oder Tampons (einige)
2. kleine Hygienebeutel oder Brotzeittüten (zum Entsorgen gebrauchter Binden)
3. eine Unterhose zum Wechseln
4. eine Packung Feuchttücher in Reisegröße (für unangenehme Momente)

Sogar den Mädchen, die immer gut vorbereitet sind, wird es irgendwann passieren, dass während der Periode etwas Blut ausläuft und sie Blutflecken auf ihrer Kleidung haben. Das ist kein Grund zur Panik. Die Periode ist ein normaler Vorgang im Körper, und Blutflecken sind ein völlig normaler (wenn auch lästiger) Begleiter der Periode. Wenn du in der Schule einen Blutfleck auf deiner Kleidung hast, nimm eine Jacke oder einen Pulli (wenn du nichts dabeihast, frag eine Freundin, ob sie dir etwas leihen kann) und binde ihn dir so um die Taille, dass der lange Teil deinen Po bedeckt. Bitte dann einen Erwachsenen, dem du vertraust, oder die Vertrauenslehrerin, dir zu helfen. So etwas passiert wirklich jedem Mädchen einmal!

Um Blutflecken zu entfernen, verwende milde Seife und kaltes Wasser und wasche den Fleck so lange aus, bis er heller wird. Gib das Kleidungsstück nicht in den Wäschetrockner, da sich der Fleck durch die Hitze verfestigen könnte. Bitte deine Mama, deine Schwester oder einen Erwachsenen, dem du vertraust, dir bei der Entfernung des Flecks zu helfen.

DER MOND UND ANDERE MYTHEN

Es gibt viele Mythen rund um die Periode. Manche sind geheimnisvoll, andere eher komisch. Hier findest du ein paar Beispiele:

BLUTMOND

Lange Zeit glaubten die Menschen, dass der Menstruationszyklus dem Zyklus des Mondes folgt. Sie glaubten das vermutlich, weil der durchschnittliche Menstruationszyklus 28 Tage dauert und der Mondzyklus 29,5 Tage. Studien zeigen jedoch, dass der Mond keinen Einfluss darauf hat, wann die Periode beginnt oder endet.

FREUNDINNEN BLUTEN GLEICHZEITIG

Es heißt, dass Frauen, die viel Zeit miteinander verbringen, auch ihre Periode zur gleichen Zeit bekommen. Es mag eine witzige Vorstellung sein, dass deine Gebärmutter eine andere Gebärmutter davon überzeugen kann, gleichzeitig mit ihr zu bluten, aber auch das ist ein Mythos. Eine aktuelle Studie, an der Tausende Frauen und Mädchen teilgenommen haben, die zusammenlebten, zeigte, dass sie alle ihre Periode weiterhin zu unterschiedlichen Zeitpunkten bekamen.

HAIFISCHBECKEN

Richtig oder falsch? Wenn du während deiner Periode ins Meer gehst, kann es sein, dass dich ein Hai angreift, weil er dein Blut riechen kann.

Antwort: Falsch! Es ist völlig sicher, schwimmen zu gehen, wenn du deine Tage hast. Haie können deine Blutung nicht riechen.

6

WIE DU GUT FÜR DEINEN KÖRPER SORGST

Du hast schon eine lange Reise durch die vielen Veränderungen, die dein Körper während der Pubertät erlebt, hinter dir. Diese Zugfahrt war voller atemberaubender Einblicke in deinen einzigartigen Körper. Unterwegs hast du auch gelernt, wie du dich um deinen Körper kümmern kannst, während er die anstrengende Arbeit vollbringt, dir beim Wachsen zu helfen. Erinnerst du dich an die drei wichtigsten Dinge, mit denen du während der Pubertät deinen Körper kräftigen und für ein gutes Körpergefühl sorgen kannst? Du hast es erraten: gesundes Essen, Sport, Bewegung, die Spaß macht, und ausreichend Schlaf.

GESUNDE ERNÄHRUNG

Dein Körper befindet sich gerade auf einer Reise des Wachstums und der Veränderung, die einmalig im Leben ist. Um während dieser Fahrt mit dem Pubertätszug auf deine Gesundheit zu achten, brauchst du gesundes und nährstoffreiches Essen. Wenn du »gesundes Essen« hörst, denkst du vielleicht, dass du gezwungen bist, ungenießbare Gerichte zu essen. Glücklicherweise bedeutet gesundes Essen aber nicht, dass du dich ständig durch Mahlzeiten mit Erbsen oder anderem Gemüse, das du nicht magst, quälen musst. Sich gesund zu ernähren kann auch bedeuten, leckeres Essen zu genießen. Was gut für dich ist, kann auch gut schmecken.

Eine gesunde Ernährung kann nicht nur beeinflussen, wie dein Wachstum während der Pubertät verläuft, sondern auch, wann die Pubertät einsetzt. Wenn der Körper nicht genug gesundes Essen bekommt, kann ihn das davon abhalten, die für den Beginn der Pubertät nötigen Hormone auszuschütten. Und wenn man zu viel ungesundes Essen zu sich nimmt, kann das dazu führen, dass die Pubertät früher einsetzt. Da eine nährstoffreiche Ernährung für einen wachsenden Körper wie deinen so wichtig ist, lass uns darüber sprechen, wie du deinen Körper gut damit versorgen kannst.

Ein Regenbogen aus bunten Lebensmitteln

Der einfachste Weg, um sicherzugehen, dass du möglichst viele gesunde Lebensmittel zu dir nimmst, damit dein Körper die Pubertät wie ein Weltmeister bewältigen kann, besteht darin, einen Regenbogen zu essen. Okay, das war nur ein Scherz – du sollst keinen echten Regenbogen essen. Das wäre ein beeindruckendes Kunststück!

Nach dem Regenbogen-Prinzip zu essen bedeutet, natürliche Lebensmittel zu verzehren, die zusammen die Farben des Regenbogens ergeben. Das macht es einfacher, die Vitamine und Mineralstoffe zu erhalten, die dein Körper benötigt, um sich während der Pubertät zu entwickeln. Hier sind die leckeren Farben, die du auf deinem Teller haben solltest, und ein paar Informationen dazu, wie sie deinem Körper beim Wachsen helfen.

ROT: Äpfel, Kirschen, Rotkohl, Erdbeeren, Tomaten, Wassermelone

Rote Lebensmittel helfen dir dabei, ein gutes Gedächtnis und ein gesundes Herz zu entwickeln.

ORANGE/GELB: Kürbis, Cantaloupe-Melone, Karotten, Mangos, Orangen, Zitronen, Ananas, Kartoffeln, Süßkartoffeln, gelbe Paprika, Ingwer

Wenn du vom gelben Teil des Regenbogens isst, erhältst du die Vitamine, die du für gesunde Augen, ein gesundes Herz und ein gutes Immunsystem benötigst.

GRÜN: Grüner Spargel, Brokkoli, Rosenkohl, Chinakohl, Gurken, grüne Bohnen, grüne Paprika, Grünkohl, Erbsen, Spinat, Salat, Avocado, Weintrauben

Grünzeug ist gut für gesunde Zähne, starke Knochen, gute Augen und eine schöne Haut.

LILA/BLAU: Rote Beete, Brombeeren, Heidelbeeren, Kidneybohnen, Auberginen, Feigen

Lilafarbene und blaue Lebensmittel sind gut fürs Gedächtnis und helfen deinem Körper, stark zu bleiben, wenn du älter wirst.

Vielleicht sagst du jetzt: »Und was ist, wenn mein Regenbogen aus orangefarbenen Paprikachips, Erdbeer-Schaumzucker und grünen Gummibärchen besteht? Gilt das auch als essen nach dem Regenbogen-Prinzip?«

Nun, meine Liebe, auch wenn diese Farben im Regenbogen vorkommen, wirst du wahrscheinlich eher

Bauchschmerzen bekommen und bald wegen Karies zum Zahnarzt müssen, statt deinen Körper mit den Nährstoffen zu versorgen, die er wirklich braucht. Nein, regenbogenfarbenes Knabberzeug wird nicht zu einer angenehmen Zugfahrt durch die Pubertät beitragen. Lebensmittel, die viel Zucker, Fett und Salz enthalten, können in fortgeschrittenem Alter sogar gesundheitliche Probleme verursachen. Das heißt nicht, dass du nie Chips, Süßigkeiten oder Kuchen essen darfst. In Maßen ist das in Ordnung, sollte aber nie das Obst, Gemüse und Getreide auf dem Frühstücks-, Mittags- oder Abendbrottisch ersetzen.

Frische, naturbelassene Lebensmittel sind immer die beste Wahl. Du solltest versuchen, verarbeitete Lebensmittel zu meiden.

Die beste Möglichkeit, um herauszufinden, ob ein Lebensmittel verarbeitet ist, ist ein Blick auf die Verpackung. Lebensmittel, die in Schachteln oder Dosen verpackt sind oder Pulver, Sirup oder andere Aromastoffe enthalten, sind meist verarbeitet. Bei der Verarbeitung wird Lebensmitteln oft viel Zucker, Salz und Fett zugesetzt, während ihnen gleichzeitig viele Nährstoffe entzogen werden. Wenn du die Wahl hast, solltest du dich immer für frische Lebensmittel entscheiden. Ein frischer Pfirsich zum Beispiel versorgt dich mit mehr Nährstoffen als Pfirsiche aus der Dose in Zuckersirup.

Dein Körper benötigt auch noch einige andere Nährstoffe, um in Topform zu bleiben. Eiweißhaltige Lebensmittel wie Fleisch, Fisch, Bohnen und Käse helfen ihm dabei, Muskeln aufzubauen. Außerdem brauchst du eisenhaltige Lebensmittel, die dir Energie spenden, Lebensmittel, die Zink enthalten, um deinen Körper bei der Bekämpfung von Krankheiten zu unterstützen, und Lebensmittel, die reich an Folat sind und dafür sorgen, dass er die benötigten Mineralstoffe aufnehmen kann.

Hilf mit, für gesundes Essen zu sorgen! Frag den Erwachsenen, der bei euch den Einkauf erledigt, ob du mitkommen und ihm oder ihr helfen kannst, leckere, frische Lebensmittel in den Farben des Regenbogens auszuwählen. Sag ihnen, dass es sowohl deinen Geschmacksknospen als auch deinem schnell wachsenden Körper guttun wird.

Ein schwungvoller Start in den Tag

Eines der schönsten Geschenke, das du deinem wunderbaren Körper machen kannst, ist das Frühstück. Wenn du morgens frühstückst, sagst du deinem Körper damit: »Guten Morgen! Schön, dass du da bist!« Das Frühstück ist vielleicht die wichtigste Mahlzeit des Tages. Es verleiht deinem Körper die Energie, die er benötigt, um all die komplizierten Vorgänge in Gang zu setzen, die dich am Leben halten. Es trägt auch dazu bei, dass du nachmittags nicht schlecht gelaunt und müde bist. Tolle Frühstücksideen sind Haferflocken, Frucht-Smoothies, Eier und Vollkornbrot oder Müsli mit Bananen und Nüssen.

Allergien, vegetarische Ernährung und andere besondere Ernährungsbedürfnisse

Menschen haben unterschiedliche Ernährungsbedürfnisse und ihr Körper reagiert unterschiedlich auf Lebensmittel. Manche vertragen kein Gluten (das zum Beispiel in Weizenprodukten enthalten ist), andere haben schwere Lebensmittelallergien. Gut für unseren Körper zu sorgen kann auch bedeuten, auf besondere Ernährungsbedürfnisse zu achten. Lebensmittelallergien – wenn bestimmte Lebensmittel eine negative Reaktion im Körper auslösen (wie Juckreiz, Schwellungen oder andere gefährliche Reaktionen) – sind bei jungen Menschen weit verbreitet. In Deutschland leiden etwa 3 bis 4 Prozent der Bevölkerung unter einer Lebensmittelallergie. Wenn ein Lebensmittel nicht gut für deinen Körper ist, heißt das leider nicht, dass es nicht gut schmeckt. Das könnte die Sache schwierig für dich machen. Iss niemals Lebensmittel, von denen du weißt, dass du allergisch auf sie reagierst, auch wenn sie noch so lecker aussehen.

Hormonanstieg und Stress während der Pubertät können Allergien verschlimmern. Ernähre dich also weiterhin gesund und halte dich von Lebensmitteln fern, die eine allergische Reaktion auslösen könnten – dein Körper wird es dir danken!

Vegetarier sind Menschen, die kein Fleisch essen. Sie werden aus verschiedenen Gründen zu Vegetariern, zum Beispiel aus Mitleid für die Tiere, um etwas für den Schutz der Umwelt zu tun oder auch aus religiösen Gründen. Wenn du Vegetarierin bist oder darüber nachdenkst, dich vegetarisch zu ernähren, musst du dir überlegen, wie du alle Nährstoffe, die du brauchst, über andere Lebensmittel zu dir nehmen kannst. Du wirst zusätzlich Eiweiß und Vitamine (wie B12) benötigen, die vor allem in Fleisch enthalten sind. Sprich mit einem Erwachsenen und mit einem Arzt oder einer Ärztin darüber. Sie können dir helfen, deinen Körper mit allen Nährstoffen zu versorgen, die er zum Wachsen braucht.

BEWEGUNG

Eine der besten Möglichkeiten, deinem Körper zu helfen, ist, ihn zu bewegen! Sport machen oder einfach aufstehen und aktiv sein ist eine wunderbare Art, deinen sich ständig verändernden Körper zu unterstützen.

★ ★ BESONDERE ★ ★ ERNÄHRUNG UND BESONDERE ANLÄSSE

Wenn du zu einer Geburtstagsfeier eingeladen bist oder in ein Restaurant gehst, solltest du die zuständigen Erwachsenen im Voraus über deine besondere Ernährung informieren (egal, ob du Allergien hast oder Vegetarierin bist). Wenn du besonders auf deine Ernährung achten musst, kann sich das so anfühlen, als könntest du nicht richtig mitfeiern, aber das muss nicht so sein. Du kannst stolz darauf sein, wenn du herausgefunden hast, welche Lebensmittel deinem Körper guttun. Es ist eine tolle Möglichkeit, gut für dich zu sorgen und die Welt daran zu erinnern, dass jeder Körper anders ist.

Das heißt nicht, dass du 300 Hampelmänner machen und zwölf Runden im Fitnessstudio drehen musst … es sei denn, du hast richtig Spaß daran! Aber du solltest eine Art der Bewegung finden, die dich glücklich macht und bei der du ins Schwitzen kommst. Tanzt du gern? Frag deine Eltern oder eine Lehrerin, ob sie dir helfen können, einen passenden Tanzkurs zu finden. Oder tanze regelmäßig zu Hause. Oder magst du eher Mannschaftssportarten?

Dann werde Mitglied im Basketball-, Volleyball- oder Fußballteam deiner Schule oder suche dir eine andere Sportart, die du gerne magst. Du kannst dich auch mit Freunden aus der Nachbarschaft am Wochenende zum Sport treffen. Es gibt unendlich viele Möglichkeiten, sich zu bewegen. Das Wichtigste ist, aktiv zu werden!

Was bringt es mir, mich zu bewegen?

Du willst wissen, wie man starke Muskeln und Knochen aufbaut? Durch Bewegung! Du möchtest eine Menge Energie haben, dich gut konzentrieren können und dich entspannter und ruhiger fühlen? Dann bewege dich! Bewegung gibt dem Körper die Energie und Kraft, die er benötigt, um diese spannende Reise durch die Pubertät zu meistern.

Wie viel muss ich mich bewegen?

Die meisten Ärzte und Ärztinnen empfehlen mindestens eine Stunde Bewegung am Tag. Wenn du einen Sport gefunden hast, den du gern machst, wirst du das leicht schaffen. Aber auch ein bisschen Bewegung ist besser als nichts. Wenn es dir schwerfällt, rauszugehen und aktiv zu werden, weil du es schon lange nicht mehr gemacht hast, fange klein an und steigere dich dann. Gehe 20 Minuten mit einer Freundin spazieren oder frag einen Nachbarn, ob du mit seinem Hund Gassi gehen kannst. Je öfter du dich bewegst, umso leichter wird es dir fallen. Wenn du eine körperliche Behinderung hast, die es dir erschwert, dich zu bewegen, denk dir Übungen aus, die deinem Körper guttun und die dir Spaß machen. Mach die Übungen so lange wie möglich. Bewegung kann für jeden Körper anders aussehen. Und zur Inspiration findest du hier zehn lustige Bewegungsspiele für zu Hause!

1. **Kopfstand:** Trainiere deine Bauchmuskeln und bringe mehr Blut ins Gehirn, indem du einen Kopfstand machst.

2. **Seilspringen:** Bringe deinen Kreislauf mit diesem tollen Training in Schwung. Geh auch nach draußen und frage Freunde, ob sie mitmachen wollen.

3. **Schubkarrefahren, Bärengang und Krabbenlauf – um die Wette:** Bei diesen Spielen trainierst du die Arm-, Bein- und Bauchmuskeln. Fürs Schubkarrefahren brauchst du eine Partnerin oder einen Partner..

4. **Tier-Wettlauf:** Macht Hasensprünge, Froschsprünge, lauft herum wie Enten und schaut, wer am weitesten kommt!

5. **Hindernislauf:** Baue mit Kissen, Stofftieren und Spielsachen einen Hindernisparcours zu Hause auf (frage zuerst einen Erwachsenen, bevor du anfängst, Möbel zu verschieben). Oder zeichne draußen einen Parcours mit Straßenkreide auf.

6. **Stopptanz:** Tanze wild und ausgelassen. Wenn die Musik aufhört, bleib stehen und »friere« in deiner Bewegung ein. Tanze weiter, wenn die Musik wieder angeht.

7. **Luftpolsterfolien-Attacke:** Springe so lange ausgelassen auf einer Luftpolsterfolie herum, bis alle Luftblasen geplatzt sind.

8. **Aufräum-Wettrennen:** Stelle einen Timer auf zwei Minuten ein. Räume mit einer Freundin zusammen so schnell wie möglich dein Zimmer auf. Ihr könnt um die Wette aufräumen oder einfach zusammen Spaß haben.

9. **Kissenschlacht:** Mach's einfach! Es ist fantastisch!

10. **Popcorn-Liegestützen:** Stelle eine kleine Schüssel mit Popcorn auf den Boden. Mach einen Liegestütz, strecke dabei die Zunge heraus und versuche, bei jedem Liegestütz ein Popcorn zu erwischen.

Wie du dich vor Verletzungen schützt

Unser Körper ist robust, aber er ist auch empfindlich und benötigt etwas Aufmerksamkeit, bevor wir beginnen, uns zu bewegen. Das Aufwärmen (Warm-up) und Abwärmen (Cool-down) ist besonders bei Teamsportarten und in Tanzgruppen wichtig. Tänzerinnen und Mannschaftssportler ziehen sich häufiger Verletzungen zu, weil diese Aktivitäten eine hohe Belastung für Muskeln und Knochen sein können.

Es ist wichtig, deine Muskeln aufzuwärmen, bevor du mit dem Training beginnst: Du kannst Dehnübungen machen, langsam laufen oder langsam schwimmen oder dich auf andere Weise sanft bewegen, um deine Muskeln auf das Training vorzubereiten.

Nach dem Training solltest du dich abwärmen. Es hilft deinem Körper, langsam wieder in den Ruhezustand zurückzukehren. Ein abruptes Abbrechen des Trainings kann deine Muskeln belasten und Muskelkater oder schlimmere Verletzungen zur Folge haben. Verlangsame deine Bewegungen oder mache wieder Dehnübungen, bis du spürst, wie sich dein Herzschlag verlangsamt. Wenn dein Herz langsamer schlägt und sich auch deine Atmung verlangsamt hat, kannst du dich ausruhen.

H2Oh!

Weißt du, was dein Körper unbedingt zum Leben braucht? Wasser! Wasser ist die Flüssigkeit mit den stärksten magischen Kräften der Welt. Und wusstest du auch, dass dein Körper hauptsächlich aus Wasser besteht? Er ist also die reinste Magie! Wasser ist das beste Getränk, mit dem du deinen Körper versorgen kannst, damit er gut funktioniert und du dich gut fühlst.

Wie viel Wasser man täglich benötigt, ist umstritten. Fest steht, dass man mehr Wasser trinken sollte als alle anderen Getränke. Softdrinks und Säfte enthalten meist eine Menge Zucker und Salz. Das ist nicht gut für den Körper, wenn man zu viel davon trinkt. Du solltest ein bis zwei Gläser Wasser trinken, bevor du mit dem Training beginnst, ein Glas während des Trainings und mindestens ein Glas nach dem Training.

Wenn du mit dem Trinken wartest, bis du Durst bekommst, ist dein Körper bereits mit Wasser unterversorgt.

SCHLAF

Egal, ob du Gutenachtgeschichten liebst oder sofort ins Traumland entschwindest, sobald dein Kopf das Kopfkissen berührt, eines ist sicher: Dein Körper braucht Schlaf, und zwar eine ganze Menge, wenn du während (und nach) der Pubertät gesund und glücklich bleiben willst. Dein Körper wächst gerade so schnell wie zu kaum einem anderen Zeitpunkt in deinem Leben. Neue Hormone werden gebildet, die dem Körper helfen, alle möglichen neuen Funktionen zu übernehmen, und diese großen Veränderungen kosten eine enorme Menge an Energie. Wie kannst du sichergehen, dass dein wunderbarer Körper alles hat, was er braucht, um sich optimal zu entwickeln und zu wachsen? Ein ganz wichtiger Punkt ist, darauf zu achten, dass du ausreichend Schlaf bekommst.

Wie viel Schlaf ist genug?

Mädchen im Alter von acht bis elf Jahren sollten zwischen neun und elf Stunden pro Nacht schlafen. Um gut für deinen Körper zu sorgen, solltest du also besser nicht bis spätabends fernsehen.

Warum brauche ich so viel Schlaf?

Wenn sich dein Körper auf die Pubertät vorbereitet, wirst du vielleicht feststellen, dass du müder bist als sonst oder morgens nur schwer aus dem Bett kommst. In der Pubertät benötigt der Körper einfach mehr Schlaf. Denk daran, dass dein Körper neue große Aufgaben übernimmt, wie zum Beispiel die Wachstumsschübe (die Knochen wachsen vor allem, wenn du

schläfst), die Produktion von Hormonen und die Entwicklung ganz neuer Körperteile wie der Brüste. Das ist eine enorme Leistung deines Körpers, und dafür braucht er Energie.

Wenn du nicht ausreichend Schlaf bekommst, kann sich das auf dein Gedächtnis, auf deine Fähigkeit zu lernen und Dinge zu verstehen sowie auf deine Stimmung auswirken. Und du willst wahrscheinlich nicht schlecht gelaunt, erschöpft und müde einen Rechtschreibtest schreiben. Wenn du sicherstellen willst, dass dein Gehirn und dein Körper in bester Verfassung sind, dann versorge sie mit ausreichend Schlaf.

Drei Tipps für einen gesunden Schlaf

Deine Tage sind wahrscheinlich ziemlich ausgefüllt – mit Schule, Hausaufgaben, Aktivitäten, Freunden, Familie und Mithelfen im Haushalt. Puh! Bei so viel Trubel kann es am Ende des Tages schwierig sein, zur Ruhe zu kommen und das Gehirn abzuschalten, um gut schlafen zu können, selbst wenn du müde bist. Hier findest du ein paar Tricks, wie du schnell einschlafen kannst:

1. **Geh immer zur gleichen Zeit ins Bett**
   Dein Körper ist besser in der Lage, zur Ruhe zu kommen, wenn er weiß, wann ihn die Schlafenszeit erwartet. Wenn du jeden Abend zur gleichen Zeit ins Bett gehst, hilft dir das dabei, ausreichend Schlaf zu bekommen.

2. **Finger weg von Lebensmitteln und Getränken, die wach machen**
   Manche Lebensmittel und Getränke haben einen Inhaltsstoff, der Energie verleiht oder dafür sorgt, dass man hibbelig und hellwach ist. Wenn du sie kurz vor dem Schlafengehen isst oder trinkst, wird es dir schwerfallen, einzuschlafen. Getränke wie Limonade, Kaffee und einige Teesorten sowie Lebensmittel wie Schokolade enthalten den Inhaltsstoff Koffein, der das Einschlafen erschweren kann.

Du solltest darauf achten, nicht zu viel Koffein zu dir zu nehmen und mindestens fünf Stunden vor dem Schlafengehen ganz auf Koffein verzichten.

3. **Licht aus!**
Unser Körper ist von Natur aus darauf eingestellt, bei Tageslicht aufzuwachen und nachts zu schlafen. Diese innere Uhr unseres Körpers ist eine ziemlich coole Sache, aber Licht, Computer und Handydisplays können den Körper leicht durcheinanderbringen. Er denkt dann, dass er noch wach bleiben sollte. Wenn du das Licht und alle Bildschirme mindestens 30 Minuten vor dem Schlafengehen ausschaltest, kannst du deinem Körper damit signalisieren, dass es nun Zeit ist, auszuruhen und neue Energie zu tanken.

Was nicht hilft

So wie Ernährung, Bewegung und Schlaf dir helfen, den Pubertätszug in Bewegung zu halten, gibt es auch drei Dinge, die dazu führen, dass du auf dieser Reise nicht mitkommst und dein Körper auf der Strecke bleibt – also sag einfach nein.

♥ DU BIST NICHT ALLEIN! ♥

Sei nicht beunruhigt, wenn es dir schwerfällt, nachts einzuschlafen. Du bist nicht allein. Wissenschaftler haben herausgefunden, dass zwischen 10 und 33 Prozent der Kinder Probleme mit dem Schlafen haben – die Probleme reichen von bösen Träumen bis zu nächtlichem Aufwachen.

Jeder hat ab und zu Albträume. Das ist nicht angenehm, aber es kann passieren. Bei den meisten Albträumen verarbeitet das Gehirn etwas, wovor du Angst hast oder worüber du dir Sorgen machst. Wenn du Albträume hast, die dir den Schlaf rauben, solltest du mit einem Erwachsenen darüber sprechen.

Schau dir tagsüber keine gruseligen Filme an und spiele keine brutalen Computerspiele, denn sie könnten in deinen Träumen wieder auftauchen. Höre dir Entspannungsmusik an oder lass dir von deinen Eltern eine Gute-Nacht-Geschichte vorlesen, um vor dem Einschlafen zur Ruhe zu kommen.

Manche Mädchen leiden unter Schlaflosigkeit, das bedeutet, dass sie Schwierigkeiten haben, einzuschlafen oder durchzuschlafen. Es gibt alle möglichen Situationen, die zu Schlaflosigkeit führen können, zum Beispiel Sorgen oder emotionaler Stress (Probleme in der Familie oder mit Freunden), Erkrankungen (Halsschmerzen, Husten oder eine verstopfte Nase) oder die Zimmertemperatur (wenn es in deinem Zimmer zu warm oder zu kalt ist). Die meisten Menschen leiden von Zeit zu Zeit unter Schlaflosigkeit. Wenn deine Schlafprobleme länger als ein oder zwei Wochen andauern, solltest du mit einem Erwachsenen darüber sprechen. Ein Arzt kann dir vermutlich helfen, herauszufinden, was deine Nachtruhe stört.

Rauchen

Zigaretten wurden erfunden, weil die Unternehmen eine Menge Geld damit verdienen, wenn es ihnen gelingt, dich davon zu überzeugen, dass Rauchen cool ist. Sie werden sehr reich, wenn sie junge Menschen dazu bringen, früh mit dem Rauchen anzufangen, denn sie wissen, dass Zigaretten süchtig machen (wenn du einmal angefangen hast, ist es schwer für den Körper, wieder aufzuhören).

Denk immer daran: Erstens bist du viel zu klug, um dich jahrelang von hinterlistigen Unternehmen ausnutzen zu lassen. Und zweitens weiß eigentlich jeder, dass Zigaretten nicht nur Husten verursachen und dazu führen, dass die Kleider, Haare und der Atem ekelhaft riechen – sie können auch tödlich sein. Zigaretten verursachen Krebs, Lungenkrankheiten und alle möglichen anderen lebensbedrohlichen Erkrankungen. Lass dich nicht von schmierigen Unternehmen um deine Gesundheit oder dein Geld bringen. Fange nicht an zu rauchen!

Alkohol und Drogen

Die Sache ist die: Drogen und Alkohol sind für junge Menschen extrem gefährlich. Sie können auch für Erwachsene sehr gefährlich sein. Aber dein Körper verändert und entwickelt sich während der Pubertät auf entscheidende Weise. Alkohol und Drogen können diesen Prozess stören und dir bis ins Erwachsenenalter hinein Probleme bereiten. Sowohl Alkohol als auch Drogen (einschließlich Marihuana) können das Gehirn, die Nieren, die Leber und das Herz während ihres Wachstums schädigen. Um es einfach auszudrücken: Drogen und Alkohol sind für dich eine große Gefahr.

Manche Kids tun so, als wären Alkohol, Drogen und Rauchen etwas Cooles. Oft machen sie das, weil sie sich selbst nicht gut fühlen oder weil sie Probleme in ihrem Leben haben und nicht wissen, wie sie damit umgehen sollen. In solchen Situationen ist es gut, sich einen Erwachsenen zu suchen, dem man vertraut, um über diese Gefühle und Probleme zu sprechen. Es ist in Ordnung, um Hilfe zu bitten. Du musst die harten Zeiten nicht allein durchstehen. Das Erwachsenwerden kann manchmal sehr schwierig sein, aber du hast all die Kraft und alle Fähigkeiten in dir, um zu einer fantastischen und mutigen jungen Frau heranzuwachsen – und du brauchst dafür keine Drogen und keinen Alkohol.

7

GEFÜHLE UND FREUNDE

Du (und dein Körper), ihr habt bereits Enormes geleistet, wenn du hier angelangt bist. Du kannst dir selbst auf die Schulter klopfen! Du hast schon eine Menge gelernt über deinen faszinierenden und fantastischen Körper. Aber der Körper ist nicht das Einzige, was sich während der Pubertät verändert, denn du wirst auch emotionale Veränderungen erleben. Gefühle, Freundschaften und Vorstellungen können sich in dieser Zeit verwandeln. Ja, das ist ein weiterer Bahnhof auf deiner Reise durch die Pubertät, und jeder, der einen Körper hat, muss auch hier anhalten. Lass uns darüber reden, was dich erwartet.

EMOTIONALE ACHTERBAHNFAHRT

Die Pubertät ähnelt zweifellos eher einer Zugfahrt, kann sich aber manchmal auch wie eine Achterbahnfahrt anfühlen, mit einigen steilen Bergen und tiefen Tälern. Bist du schon einmal in dein Zimmer gestürmt, weil deine Mama etwas gesagt hat, was dir nicht gepasst hat? Hast du manchmal das Gefühl, dass deine Gefühle völlig durcheinander sind? Ein Großteil dessen, was du gerade erlebst, hängt mit etwas zusammen, worüber wir in diesem Buch schon öfters gesprochen haben. Errätst du es? Nur zu, ich wette, du weißt es. Ja, genau! Mit den Hormonen. Dein Körper produziert neue chemische Wirkstoffe, die dir dabei helfen, langsam zu einem Erwachsenen heranzuwachsen. Diese Hormone beeinflussen viele deiner Körperfunktionen, und sie beeinflussen auch deine Gefühle.

Warum sind meine Gefühle so intensiv?

Wir Menschen fühlen ganz unterschiedliche Dinge: Freude, Traurigkeit, Wut, Enttäuschung, Verwirrung, Sorge, Erstaunen, Aufregung, Angst und tausend andere Gefühle, für die wir vielleicht noch nicht mal ein Wort haben! Starke Gefühle gehören zum Menschsein dazu.

Während sich dein Körper aufgrund der neuen Hormone, die du produzierst, verändert, wirst du vielleicht feststellen, dass sich deine Gefühle größer anfühlen als je zuvor. In gewisser Weise sind sie auch größer als je zuvor. Diese Gefühle können dazu führen, dass du empfindlicher bist als sonst. An manchen Tagen ist dir vielleicht zum Weinen zumute, obwohl es keinen nachvollziehbaren Grund dafür gibt. In anderen Situationen wirst du womöglich total wütend über etwas, das dich früher nur ein bisschen geärgert hätte. Das ist alles ganz normal und in Ordnung.

Diese wechselnden Gefühle können natürlich unangenehm und intensiv sein. Es kann sein, dass du auch neue Gefühle wie Eifersucht oder sogar romantische Gefühle für einen Freund oder Klassenkameraden empfindest. Vielleicht fühlst du dich missverstanden oder bist besonders stolz. Vielleicht stellst du dir Fragen über dich selbst und die Welt, die du vorher nie hattest. Je mehr Erfahrungen du machst, umso mehr Gefühle sind möglich.

Ganz gleich, welche Gefühle du in dieser Zeit empfindest – es ist wichtig zu wissen, dass du wichtig und klug bist und vieles kannst. Du bist gut genug, egal, welche Gefühle auftauchen. Denk immer daran, dass sie nicht ewig anhalten. Sie können sich schnell ändern. Atme tief durch und bleibe im Zug sitzen. Auch das gehört zu deiner Reise dazu.

Wie bekomme ich meine Stimmung in den Griff?

Es fühlt sich vielleicht so an, als hätten deine Gefühle das Sagen und würden dich mitschleifen. Aber du musst deshalb nicht gleich die Notbremse ziehen. Es gibt Dinge, die du tun kannst, um deine Gefühle während der Pubertät in den Griff zu bekommen. Einige davon haben wir schon im letzten Kapitel besprochen.

Zurück zu den drei wichtigsten Dingen

Wer sich gesund ernährt, kann seine Stimmung besser kontrollieren. Wenn du zu lange nichts isst und sehr hungrig bist oder Lebensmittel isst, die sich nicht gut für deinen Körper anfühlen, führt das ziemlich sicher zu schlechter Laune und Frust. Wenn du nichts isst, wird dein Körper langsam und träge. Du verlierst an Energie und das kann sich auch auf deine Stimmung auswirken. Es gibt nichts Schlimmeres, als gleichzeitig hungrig und gereizt zu sein. Versuche, es zu vermeiden. Iss drei gesunde Mahlzeiten am Tag und zwischendurch kleine gesunde Snacks.

Bewegung setzt im Gehirn chemische Botenstoffe frei, die dazu führen, dass wir uns gut fühlen. Bist du frustriert? Dann geh eine Runde um den Block. Bist du traurig? Schwimme ein paar Bahnen im Schwimmbad oder dreh die Musik auf und tanze die Freude in deinen Körper zurück.

Und vergiss das Schlafen nicht. Körper und Geist brauchen Zeit, um sich zu erholen. Schlaf ist wie Nahrung für das Gehirn. Dein Hirn wird gereizt reagieren, wenn es nicht bekommt, was es braucht: acht bis elf Stunden Schlaf pro Nacht.

Meditation

Wenn du jeden Tag ein paar Minuten ruhig dasitzt und deine Gedanken zur Ruhe kommen lässt, kann sich das auch positiv auf deine Stimmung auswirken. Das nennt man Meditation. Sie ist ein hervorragendes Mittel, um mit Gefühlen klarzukommen, die außer Kontrolle geraten sind. Die Meditation lehrt dich, mit deinen

Gefühlen zu leben, bis sie wieder verschwinden. Gefühle können wie Gäste sein, die nicht allzu lange bleiben. Sie haben normalerweise nicht vor, bei dir einzuziehen. (Auf YouTube findest du Videos, die Anfängern dabei helfen, meditieren zu lernen.)

Darüber reden oder schreiben

Es kann verwirrend sein, diese starken und neuen Gefühle zu haben. Eine Möglichkeit, die Verwirrung zu lindern, besteht darin, die Gedanken aus deinem Kopf zu bekommen. Sprich mit einem vertrauten Erwachsenen, dem du wichtig bist, der an dich glaubt und das Beste für dich will, über deine Gefühle. Das ist ein wunderbarer Weg, um starke Emotionen zu bewältigen, ohne dich allein zu fühlen. Suche dir einen Erwachsenen, der gut zuhören kann. Alle Erwachsenen haben die Pubertät durchgemacht und finden vielleicht die richtigen Worte, um dir zu helfen.

Eine andere gute Möglichkeit, Gefühle zu verarbeiten, ist das Tagebuchschreiben. Schreibe deine Ängste,

Glücksgefühle und Erfolge auf. Schreibe darüber, wenn du so sauer auf jemanden bist, dass du vor Wut kochst, oder wenn dich ein Freund oder eine Freundin verletzt. Schreibe auf, wenn du dich besonders schick angezogen hast oder wenn du denkst, dass deine Klassenkameraden über dich herziehen. Schreiben ist eine einfache, aber wirksame Möglichkeit, um deine Gefühle in einem geschützten Raum zu verarbeiten.

Du kannst dein Tagebuch mit jemandem teilen, dem du vertraust, oder es für dich behalten. Auf jeden Fall wird dir das Schreiben dabei helfen, die Achterbahnfahrt der Gefühle auf eine gute Weise zu bewältigen.

FREUNDSCHAFTEN IM WANDEL

Hast du eine beste Freundin? Vielleicht teilt ihr Geheimnisse und verbringt viel Zeit miteinander. Vielleicht übernachtet deine Freundin bei dir und ihr unternehmt etwas zusammen. Vielleicht redet ihr miteinander, wenn es Probleme gibt, und bringt euch gegenseitig zum Lachen, bis euch die Tränen kommen. Wahrscheinlich seid ihr auch manchmal wütend aufeinander und verletzt die Gefühle der anderen – aber danach entschuldigt ihr euch immer und versöhnt euch wieder. Möglicherweise habt ihr schon einmal tage- oder wochenlang nicht miteinander gesprochen. Freundschaften sind etwas Schönes, aber sie sind nicht perfekt. Wie bei allem, was man liebt, muss man sich um eine Freundschaft kümmern, wenn sie von Dauer sein soll.

Leider halten nicht alle Freundschaften ewig. Es mag ein paar ganz besondere Freunde oder Freundinnen geben, die man für immer behält, aber die meisten Freundschaften verändern und wandeln sich, so wie auch du dich veränderst. Vielleicht hast du eine Freundin, mit der du schon seit Jahren befreundet bist, aber du wirst auch Freundschaften haben, die nur ein paar Wochen, einige Monate oder ein Schuljahr lang halten.

Wenn du älter wirst und dich veränderst, können sich auch deine Freundschaften verändern – das ist normal.

Was macht einen guten Freund oder eine gute Freundin aus?

Egal, ob du 20 Jahre lang mit jemandem befreundet bist oder nur für kurze Zeit, Freunde werden für den Rest deines Lebens eine wichtige Rolle in deinem Leben spielen. Wir Menschen brauchen andere Menschen, und das ist einer der Gründe, warum wir Freundschaften schließen. Wir sind darauf programmiert, Menschen zu finden, die wir mögen, und Zeit mit ihnen zu verbringen. Gute Freunde zu finden ist wichtig, ebenso wichtig wie ein guter Freund oder eine gute Freundin zu sein.

Leider gibt es keine klare Anleitung, wie man ein guter Freund oder eine gute Freundin sein kann, und so stolpern wir oft über Probleme in diesen Beziehungen. Aber das muss nicht sein. Gute Freunde zu finden ist kein Hexenwerk, aber es setzt voraus, dass du selbst so eine gute Freundin bist, wie du sie gern hättest. Was macht eine gute Freundin aus? Hier sind die 20 wichtigsten Eigenschaften eines guten Freundes oder einer guten Freundin:

Ein guter Freund oder eine gute Freundin ...

1. will deine Gefühle nicht verletzen.
2. entschuldigt sich, wenn er/sie dich verletzt hat.
3. möchte dich in seiner/ihrer Nähe haben.
4. hilft dir gern dabei, weitere gute Freunde zu finden.
5. ermutigt dich.
6. ist nett zu dir.
7. hört dir zu.
8. will dir helfen, auch wenn er/sie gerade nicht weiß, was er/sie tun oder sagen soll.
9. gibt zu, wenn er/sie im Unrecht ist.
10. mag es am liebsten, wenn du so bist, wie du wirklich bist.
11. lästert nicht über dich oder andere.
12. wird dich nicht zwingen, dich zwischen ihm/ihr und anderen Freunden oder Freundinnen zu entscheiden.
13. redet nicht hinter deinem Rücken über dich.
14. ermutigt dich, dein Bestes zu geben.

15. ist ehrlich.

16. steht für dich und seine/ihre anderen Freunde und Freundinnen ein.

17. sagt dir, wenn etwas gefährlich oder schädlich ist.

18. lacht mit dir, nicht über dich.

19. nimmt sich Zeit für dich.

20. versucht, dich aufzumuntern, wenn es dir schlecht geht oder wenn du dir Sorgen machst.

Eine gute Freundin zu sein ist ebenso wichtig, wie gute Freunde zu finden. Hier noch eine traurige Nachricht: Auch wenn du alle Dinge auf der Liste beachtest, kann es sein, dass jemand nicht mit dir befreundet sein will. Nehmen wir an, du hast eine BFF, die schon seit dem Kindergarten deine beste Freundin ist und nun, in der fünften Klasse, plötzlich nicht mehr deine beste Freundin sein will. Das tut weh und kann natürlich deine Gefühle verletzen. Es heißt aber nicht, dass sie ein schlechter Mensch ist oder dass mit dir etwas nicht stimmt. Es heißt nur, dass ihr beide heranwachst und euch verändert. Und wenn ihr euch verändert, kann es sein, dass es auch andere Freunde gibt, die besser zu euch passen. Wenn du älter wirst, entdeckst du neue Interessen und Hobbys. Es gibt vielleicht andere Dinge, die dir Spaß machen, die sich aber von den Hobbys deiner alten Freunde unterscheiden. Auch das gehört zu den vielen Veränderungen, die mit der Pubertät verbunden sein können.

Woran erkenne ich, ob eine Freundschaft beendet ist?

Es kommt vor, dass sich Freunde immer seltener treffen. Aber auch wenn du dich nicht mehr so oft mit deiner Freundin triffst, muss das nicht heißen, dass ihr nicht mehr befreundet seid. Es könnte auch bedeuten, dass sie sehr beschäftig ist oder dass bei ihr zu Hause etwas los ist. Der beste Weg, um herauszufinden, was in einer Freundschaft vor sich geht, ist zu fragen.

Bevor du das Gespräch suchst, solltest du dir jedoch sicher sein, dass du mit deiner Freundin befreundet bleiben möchtest. Es ist in Ordnung, wenn du das nicht möchtest. Verbringe einfach mehr Zeit mit anderen Kids und weniger Zeit mit deiner alten Freundin. Wenn du weißt, was du willst, kannst du dir Zeit nehmen, um mit ihr zu sprechen.

Über Gefühle und Freundschaften zu sprechen, kann sich manchmal unangenehm anfühlen, aber es gehört zu den Eigenschaften eines guten Freundes, ehrlich zu sein. Du kannst das Gespräch damit beginnen, zu fragen, ob bei deiner Freundin alles in Ordnung ist. Erzähle ihr dann, dass dir aufgefallen ist, dass ihr nicht mehr so viel zusammen seid wie früher, und du gern mit ihr darüber reden würdest.

♥ DU BIST NICHT ALLEIN! ♥

Eine gute Gelegenheit, um neue Freunde zu finden, besteht darin, die Freunde deiner Freunde zu treffen. Und das geht am besten, wenn du deine Freunde einander vorstellst – zeig ihnen, wie man das macht!
Stelle deine Schulfreundin einer Freundin aus der Nachbarschaft vor, und sie wird dich vielleicht auch zu ihren Freunden aus der Nachbarschaft mitnehmen. Lade Kids aus allen möglichen Bereichen deines Lebens zu deiner Geburtstagsparty ein – aus Schule, Nachbarschaft, Sportverein – oder welche, die du bei anderen Aktivitäten kennengelernt hast – und stelle sie einander vor. Sag Hallo zu den Gästen deiner Freunde, wenn du zu ihren Partys eingeladen bist – vielleicht findest du auf diese Weise einen neuen Freund oder eine neue Freundin!

Vielleicht sagt deine Freundin, dass sie in der Schule oder zu Hause viel zu tun hatte. Oder, dass sie nicht weiß, warum ihr euch nicht mehr trefft. Vergiss nicht, dass Freundschaften von beiden Seiten Einsatz erfordern.

Wenn ihr Freunde bleiben wollt, aber nur du dich darum bemühst, ist es vielleicht keine gute Beziehung.

Egal, wie es ausgeht – wenn du lernst, wie du gut mit anderen reden kannst, wird dir das auch nach der Pubertät noch helfen. Deine Fähigkeit, gute Gespräche zu führen, könnte sogar dazu beitragen, Freundschaften zu retten.

Neue Freunde finden

Wir Menschen brauchen Freunde – das bedeutet, dass zu dem Zeitpunkt, an dem du auf der Suche nach neuen Freunden bist, wahrscheinlich auch andere auf der Suche sind. Die Herausforderung besteht darin, einander zu finden. Das kann etwas schwierig sein, wenn du schüchtern bist, aber es ist nicht unmöglich. Die Schule ist ein guter Ort, um Freunde zu finden, weil es dort viele Gelegenheiten gibt, auf andere zuzugehen und sich vorzustellen. Wenn deine Lehrerin oder dein Lehrer euch bittet, zu zweit zusammenzuarbeiten, frag jemanden, den du gern kennenlernen möchtest, ob er dein Partner sein möchte. Setz dich beim Mittagessen oder in der Bibliothek mal neben eine andere Mitschülerin. Die Schule ist aber nicht der einzige Ort, an dem man neue Leute kennenlernen kann. Du kannst auch bei Aktivitäten nach der Schule Freunde finden oder bei Treffen mit Verwandten wie deinen Cousins oder Cousinen oder in der Nachbarschaft.

ES HEISST FREUNDSCHAFT, WEIL MAN MIT FREUNDEN ALLES SCHAFFT.

8

FAMILIE UND ANDERE GESCHÜTZTE RÄUME

Jeder verdient einen Ort, an dem er sich sicher und geborgen fühlen kann. Aus vielen Gründen kann es schwierig sein, einen solchen Ort zu finden. Es gibt jedoch einen Raum dafür, den du immer bei dir hast: In deinem Inneren. Ja, alles, was du brauchst, um durch die Pubertät zu kommen und zu einem großartigen Menschen heranzuwachsen, trägst du bereits in dir. Dieses Zaubermittel nennt man Weisheit, und wenn du lernst, genau hinzuhören, wird es dich zu den wichtigsten Antworten führen. Wenn du in dich hineinhörst, wirst du weise Menschen finden, die deine Fragen beantworten können und dir weiterhelfen.

Im Folgenden sind einige Wege, wie du auf deine kluge innere Stimme hören und dich von ihr leiten lassen kannst.

FINDE EIN OFFENES OHR

In diesem Buch hast du immer wieder gelesen, dass du dir einen Erwachsenen suchen sollst, dem du vertraust, um mit ihm über deine Fragen und Sorgen zu sprechen. Aber du fragst dich vielleicht: »Woher weiß ich, welchen Erwachsenen ich mich anvertrauen kann?« Gute Frage! Ein vertrauenswürdiger Erwachsener ist vor allem ein Erwachsener. Viele Kinder stellen anderen Kindern Fragen zur Pubertät und zum Erwachsenwerden. Es ist in Ordnung, mit deinen Freunden und Freundinnen über deine Gefühle zu sprechen, weil sie vielleicht ähnlich fühlen. Bedenke aber, dass deine Freundinnen nicht die besten Gesprächspartnerinnen sind, wenn es darum geht, wie sich dein Körper und dein Leben in der Pubertät verändern werden. Was wissen sie? Sie befinden sich genau wie du auf dieser spannenden neuen Reise.

Ein vertrauenswürdiger Erwachsener kennt die Antworten bereits, weil er die Phase schon abgeschlossen hat. Es ist jemand, von dem du weißt, dass er sich um dich sorgt und möchte, dass du gesund und sicher bist. Was der Erwachsene deines Vertrauens dir sagt, gefällt dir vielleicht nicht immer, aber im Grunde deines Herzens weißt du, dass er das Beste für dich will.

Menschen, die dich bitten, Geheimnisse vor anderen Erwachsenen zu haben, sind nicht vertrauenswürdig. Ebenso wenig Erwachsene, die Dinge tun, die dich körperlich oder seelisch verletzen. Menschen, die sich über dich lustig machen oder gemeine Dinge zu dir sagen, auch nicht. Für viele Mädchen sind die Erwachsenen, denen sie vertrauen, ihre Mama oder ihr Papa oder ältere Geschwister, aber nicht alle Mädchen haben diese Menschen in ihrem Leben. Das ist okay. Familien können, wie unsere Körper, ganz unterschiedlich aussehen, und für manche Mädchen kann die Vertrauensperson auch ein Lehrer oder eine Lehrerin sein, der/die an sie glaubt, eine Betreuerin oder ein Arzt oder eine Ärztin.

Vielleicht gibt es auch mehrere Erwachsene, denen du dich anvertrauen kannst. Du könntest über deine Freundschaften in der Schule mit einem Lehrer sprechen und über deine Periode mit deiner Ärztin. Es ist wichtig zu wissen, dass es in Ordnung ist, Fragen zu haben. Und dann kannst du dich umsehen, um die richtige Person zu finden, die sie beantworten kann.

Jetzt denkst du vielleicht: »Aber was mache ich, wenn ich nervös bin oder wenn es mir peinlich ist, eine Frage zu stellen?« Es ist völlig in Ordnung, wenn du nervös bist, das ist ganz normal. Aber es sollte dich nicht davon abhalten, um Hilfe zu bitten.

Du kannst auch dieses Buch benutzen, um Antworten auf deine Fragen zu bekommen. Zeige es einem Erwachsenen, dem du vertraust, und bitte ihn, die Stellen zu lesen, über die du sprechen möchtest. Du kannst dir auch ein Glas für deine Fragen zulegen. Schreibe deine Frage auf und lege den Zettel hinein. Bitte einen Erwachsenen deines Vertrauens, die Frage auf dem Zettel im Glas zu lesen, eine Antwort aufzuschreiben und beide Zettel wieder in das Glas zu legen. Das kann ein guter Einstieg in ein Gespräch sein, vor dem du Angst hast.

Denk immer daran, dass es nichts an deinem Körper, an der Pubertät oder am Erwachsenwerden gibt, wofür du dich schämen müsstest. Dein wundervoller Körper befindet sich auf einer spannenden Reise, und jeder Erwachsene hat diese Reise schon hinter sich. Es gibt also eine Menge Menschen, die dir auf diesem Weg helfen können.

ZUSTIMMUNG ZU KÖRPERKONTAKT

Dein Körper gehört dir und niemandem sonst. Das bedeutet, dass du selbst Entscheidungen über deinen Körper treffen kannst, zum Beispiel, wer ihn anfassen darf und wer nicht. Du musst niemanden umarmen oder küssen, wenn du das nicht willst. Und Menschen, die dich berühren wollen, sollten dich immer zuerst fragen. Es ist in Ordnung, wenn du ihnen sagst, dass sie deine Zustimmung einholen müssen – das gilt auch für Familienmitglieder. Zustimmung einholen bedeutet, dass wir immer um Erlaubnis fragen sollten, bevor wir Körperkontakt mit anderen aufnehmen. Du kannst üben, wie man andere darauf hinweist, indem du sagst: »Bitte frag mich, ob ich einverstanden bin, bevor du mich berührst.« Übe diesen Satz zu Hause vor dem Spiegel, bis du dich stark und sicher fühlst. Je öfter du übst, Zustimmung einzufordern und zu geben, umso leichter wird es dir fallen, diesen Satz zu anderen zu sagen, wenn es nötig ist. Das gilt natürlich für beide

Seiten – auch du musst die Zustimmung einholen, bevor du den Körper eines anderen Menschen berührst.

KEINE KÖRPER-KOMMENTARE

Dein Körper gehört dir allein, das bedeutet auch, dass niemand das Recht hat, auf eine Art und Weise über deinen Körper zu sprechen, die dir nicht gefällt. Es ist generell unhöflich, über den Körper anderer Menschen zu sprechen. Wenn deine Mama, dein Papa, deine Tante, deine Schwester, ein Cousin, ein Klassenkamerad oder sogar ein Fremder in einer Weise über deinen Körper sprechen, die dir unangenehm ist, ist es völlig in Ordnung, sie zu bitten, damit aufzuhören. Du kannst üben zu sagen: »Es ist nicht in Ordnung, über den Körper anderer zu sprechen. Bitte hör auf damit.«

Ein Ort, an dem dieser Satz sehr hilfreich sein kann, ist die Schule. Da sich dein Körper während der Pubertät entwickelt, kann es sein, dass andere Mädchen (und manchmal auch Jungen) Bemerkungen über diese Veränderungen machen. Leider lernt nicht jeder, den Körper anderer zu respektieren. Das bedeutet, dass du ihnen vielleicht beibringen musst, wie das geht. Du kannst ihnen sagen, was du gelernt hast und dass du dieses Wissen gern mit ihnen teilst. So wirst du zur Botschafterin für ein positives

Körperbewusstsein! Wenn jemand weiterhin über deinen Körper spricht, obwohl du ihn gebeten hast, damit aufzuhören, sprich mit einem vertrauten Erwachsenen darüber. Er kann dir helfen zu überlegen, was du als Nächstes tun kannst.

DEIN RECHT AUF PRIVATSPHÄRE

Wenn du in die Pubertät kommst, ist es völlig normal, wenn du mehr Privatsphäre haben möchtest. Das kann bedeuten, ein Tagebuch zu führen, das kein anderer lesen darf, deine Zimmertüre manchmal zu schließen oder darum zu bitten, allein gelassen zu werden, wenn du etwas Freiraum brauchst. Privatsphäre ist wichtig, wenn du zu einem Teenager heranwächst, aber du solltest darauf achten, die Menschen, die dich gernhaben, nicht auszuschließen. Wenn du dich zurückziehen willst, weil du wütend oder traurig bist, solltest du später über deine Gefühle sprechen. Kommunikation ist wichtig für deine Entwicklung zu einer starken jungen Frau, und mit guten Gesprächspartnern kann man auch über schwierige Dinge sprechen.

GRUPPENZWANG UND PUBERTÄT

Einer der spannendsten Prozesse der Pubertät und des Erwachsenwerdens besteht darin, herauszufinden, wer du bist. Jeden Tag entdeckst du Dinge, die du liebst, und Dinge, die du albern findest. Dein Geschmack in Bezug auf Musik, Kleidung und Freunde kann sich völlig verändern. Jeden Tag wirst du mehr und mehr du selbst.

Das kann manchmal auch verwirrend sein. Es kann sein, dass du das Gefühl hast, nicht mehr genau zu wissen, wer du bist und was du magst, weil es anders ist als früher. In dieser Zeit machst du vielleicht die Erfahrung von Gruppenzwang, wenn deine Freunde oder Klassenkameraden versuchen, dich zu etwas zu überreden, was du gar nicht tun willst. Sie sagen Dinge wie: »Komm schon, das machen doch alle.« Oder »Alle coolen Kinder tun es.« Oder »Wenn du mich wirklich magst/wenn du wirklich meine Freundin bist, dann tust du es.« »Es« kann dabei alles Mögliche sein: irgendwo hinzugehen, wo du gar nicht hinwillst, zu sagen, dass du in jemanden verknallt bist, obwohl es nicht stimmt, oder sogar Alkohol zu trinken, zu rauchen oder Drogen zu nehmen.

Niemand, der dich wirklich gernhat, wird dich jemals dazu drängen, etwas zu tun, was du nicht tun willst. Gute Freunde und gute Menschen tun so etwas nicht. So wie dein Körper in seinem eigenen Tempo wächst, so werden sich auch deine persönlichen Interessen mit der Zeit entwickeln.

Nimm dir die Zeit, die du brauchst, um zu dem Menschen heranzuwachsen, der du sein möchtest. Es gibt keinen Grund, sich zu beeilen. Bleib dir selbst treu und sei die beste Version deiner selbst – das macht dich zu einem starken, klugen und überzeugenden Mädchen!

1
1
1

★ ★ SICHER UNTERWEGS ★ ★ IN DEN SOZIALEN MEDIEN

Was ist riesengroß, unendlich und verschwindet nie mehr? Das Internet und alles, was du dort postest. Soziale Medien können faszinierend sein. Du kannst mit Freundinnen in Verbindung bleiben, sehen, was deine Klassenkameraden am Wochenende machen, und deine Lieblingsbilder mit lustigen Gesichtern posten. Aber soziale Medien können auch gefährlich sein, wenn du nicht verantwortungsvoll damit umgehst. Die lustigen Bilder, die du geteilt hast, können von jedem im Internet überall auf der Welt gesehen werden, und was du postest, bleibt für immer online. Stelle niemals etwas online, von dem du nicht möchtest, dass deine Eltern, Lehrer oder andere Erwachsene es sehen, denn es ist wahrscheinlich, dass sie es sehen werden. Während du die sozialen Medien zum Spaß nutzt, gibt es im Internet auch Fremde, die gefährlich sind. Teile niemals deinen Aufenthaltsort oder private Informationen über dich selbst mit und füge niemanden zu deiner Freundesliste hinzu, den du nicht kennst. Wenn du bei jemandem, den du online kennengelernt hast, ein komisches Gefühl hast, höre auf dieses Gefühl und sprich sofort mit einem Erwachsenen darüber.

SCHLUSSWORT

Herzlichen Glückwunsch! Du bist mit dem Pubertätszug an der Endstation angekommen! Du hast sehr viel über deinen Körper und all die Veränderungen, die dich in den nächsten Jahren erwarten, gelernt. Ich hoffe, du bist nun schlauer als vorher und fühlst dich gut auf die Pubertät vorbereitet. Vor allem aber hoffe ich, dass du eines verstanden hast: Du bist ein fantastisches Mädchen und die Pubertät kann und wird daran nichts ändern. Die Zeit der Pubertät kann dir sogar helfen, selbstbewusster zu werden und dir darüber klar zu werden, was für ein wunderbarer Mensch du bist.

Versuche nicht zu sein wie alle anderen. Mach dir keine Sorgen, wenn du anders bist. Vielfalt ist etwas Schönes. Deine Reise des Erwachsenwerdens wird so einzigartig und besonders sein wie du selbst. Es wird Höhen und Tiefen geben. Es wird Tage geben, an denen du dich groß und stark fühlst, und andere, an denen du dich überfordert fühlst und sogar ein bisschen Angst hast. Das ist nicht schlimm. Wir alle haben uns schon einmal so gefühlt. Doch du trägst alles, was du brauchst, um ein außergewöhnlicher Mensch zu werden, in dir.

Sei stolz auf dich! Sei stolz auf deinen wachsenden Körper. Du hast schon einen großen Schritt gemacht und viel darüber gelernt, wie dein Körper funktioniert und welche Veränderungen auf dich zukommen. Das zeigt, dass du ein kluges und aufgewecktes Mädchen bist, das gut auf sich achtet. Du bist auf einem guten Weg, die beste Version deiner selbst zu werden. Genieße die Reise!

GLOSSAR

Akne: wenn sich überschüssiges Fett mit Schweiß und Schmutz vermischt, die Poren der Haut verstopft und zu Entzündungen führt

Ausfluss: eine Kombination aus Schleim und Flüssigkeit, die aufgrund des Hormonanstiegs im Körper gebildet wird

Brustknospe: der harte Knubbel unter der Brustwarze

Brustwarze: die kleine Erhebung in der Mitte des Warzenvorhofs

Dermatologe: Hautarzt

Eierstock: eines der beiden ovalen Organe, in denen die Eizellen produziert und im Körper aufbewahrt werden. Die Eierstöcke bilden Hormone, die dem Körper signalisieren, dass es Zeit ist, mit den Veränderungen zu beginnen.

Eileiter: die beiden Gänge, durch welche die Eizellen von den Eierstöcken zur Gebärmutter wandern.

Eisprung: die Freisetzung einer Eizelle aus einem Eierstock etwa 14 Tage vor Beginn der Periode

Eizellen: beinhalten das Erbgut der Mutter und sind in den Eierstöcken eingebettet

Gebärmutter (lat. Uterus): das hohle, birnenförmige Organ im Unterleib, in dem sich ein Embryo entwickeln kann

Genitalien: die Geschlechtsorgane, der Intimbereich

Gruppenzwang: wenn Freunde oder Klassenkameraden versuchen, dich zu etwas zu überreden, was du eigentlich nicht tun willst

Harnröhrenausgang: das kleine Loch unter dem Kitzler, aus dem der Urin den Körper verlässt

Hormone: biochemische Botenstoffe im Körper, die wichtig für die Veränderungen während der Pubertät sind

Kalzium: der Mineralstoff, der den Knochen Härte verleiht. Kalziummangel kann später im Leben zu schweren Knochenerkrankungen führen

Kitzler (lat. Klitoris): kleine, sehr empfindsame Hautknospe am oberen Ende der inneren Schamlippen

Koffein: ein Inhaltsstoff in bestimmten Lebensmitteln und Getränken, der das Einschlafen erschweren kann

(Kopf-)Schuppen: abgestorbene Hautschuppen auf der Kopfhaut

Meditation: zum Beispiel die Übung, jeden Tag ein paar Minuten still dazusitzen und die Gedanken zur Ruhe kommen zu lassen

Menopause: Aufhören der Menstruation bei einer älteren Frau

Menstruation: Teil eines etwa 28-tägigen Zyklus, bei dem Blut und die abgestoßene Gebärmutterschleimhaut aus der Scheide ausgeschieden wird

Mitesser: wenn sich überschüssiges Fett mit Schweiß und Schmutz vermischt, die Poren der Haut verstopft und eine dunkle Farbe annimmt. Mitesser sind eine Form von Akne.

Myopie: Kurzsichtigkeit

Östrogene: Hormone, welche die Menstruation und andere Körperfunktionen steuern

Prämenstruelles Syndrom (PMS): Beschwerden, die bei einem Mädchen eine Woche oder ein paar Tage vor der Periode auftreten können, wie zum Beispiel ein Spannungsgefühl in der Brust, Stimmungsschwankungen, ein aufgeblähter Unterbauch oder Krämpfe

Pubertät: die Zeit oder das Alter, in dem der Körper heranreift und fortpflanzungsfähig wird

Scham (lat. Vulva): alle sichtbaren, äußeren Teile des Schambereichs

Schamhügel: die aus Fettgewebe bestehende Erhebung unterhalb des Bauchs

Schamlippen: die inneren und äußeren Hautfalten der Scham

Scheide (lat. Vagina): die Öffnung und der Kanal, der zu den inneren Fortpflanzungsorganen führt

Schlaflosigkeit: Schwierigkeiten, einzuschlafen oder durchzuschlafen

Skoliose: eine Krümmung der Wirbelsäule

Verfrühte Pubertät: wenn die Pubertät bei einem Mädchen einsetzt, bevor ihr Körper bereit dafür ist

Verzögerte Pubertät: wenn die Pubertät später als gewöhnlich beginnt

Wachstumsschmerzen: häufige Schmerzen in den Muskeln, Beinen und Oberschenkeln, die während eines Wachstumsschubs kommen und gehen

Wachstumsschub: eine Phase schnellen Wachstums, in der die Arme und Beine länger, die Hände und Füße größer werden

Warzenvorhof: der dunkle Ring, der die Brustwarze umgibt

QUELLENANGABEN

Kapitel 1

»All About Puberty.« *KidsHealth.* Nemours Foundation. Zuletzt aktualisiert im Oktober 2015. http://kidshealth.org/en/kids /puberty.html.

Cooke, Kaz. *Girl Stuff 8–12.* Penguin eBooks, 2016.

Shroff, Amita. »Girls and Puberty.« *WebMD.* WebMD, LLC. https://teens.webmd.com/girls/facts-about-puberty-girls#2. Abgerufen am 20. März 2016.

»What to expect when your breasts bud.« *Girlology & Guyology.* https://girlology.com/programs/collection-v5ln2pgj7jy. Abgerufen am 24. Januar 2018.

»World Demographics Profile 2018.« *Index Mundi.* www.indexmundi.com/world/demographics_profile.html. Abgerufen am 20. Januar 2018.

»World Population Prospects 2017.« United Nations. https://esa.un.org/unpd/wpp. Abgerufen am 24. Januar 2018.

Kapitel 2

»5 Signs You May Need Braces.« 1st Family Dental. https://1stfamilydental.com/5-signs-may-need-braces. Abgerufen am 24. Januar 2018.

»A Puberty Timeline for Girls.« *Girlology & Guyology.* https://girlology.com/programs/girls-puberty-timeline. Abgerufen am 24. Januar 2018.

»Average Human Grows 590 Miles of Hair and Eats 35 Tons of Food … AMAZING Human Stats.« Daily Express. www.express.co.uk/news/weird/437344/Average-human-grows-590-miles-of-hair-and-eats-35-tons-of-food-AMAZING-human-stats. Abgerufen am 17. Oktober 2013.

Burhenne, Mark. »What Is Plaque and Why Is It Harmful?« *Ask the Dentist*. https://askthedentist.com/what-is-plaque. Abgerufen am 24. Januar 2018.

»Calcium.« Center for Young Women's Health. Zuletzt aktualisiert am 5. Januar 2017. https://youngwomenshealth.org/2013 /10/17/calcium.

Dahl, Andrew A. »Eye Diseases and Conditions.« *MedicineNet.com.* https://www.medicinenet.com/

image-collection/nearsightedness_picture/picture.htm. Abgerufen am 17. September 2009.

Eddis, Yolanda. »Oral Health in Children as They Become Teenagers.« *Colgate.* Colgate-Palmolive Company. www.colgate.com/en-us/oral-health/life-stages/teen-oral-care/oral-health-in-children-as-they-become-teenagers-0913. Abgerufen am 24. Januar 2018.

»Genetics Home Reference.« *U.S. National Library of Medicine.* https://ghr.nlm.nih.gov/primer/basics/gene. Abgerufen am 23. Januar 2018.

Grayson, Charlotte E. »Myopia.« *MedicineNet.com.* WebMD Medical Reference. https://www.medicinenet.com/myopia/article.htm. Abgerufen am 24. Januar 2018.

»Growing Pains.« *Women's and Children's Health Network.* Government of South Australia. http://www.cyh.com/HealthTopics/HealthTopicDetails.aspx?p=114&np=304&id=1520. Abgerufen am 13. Juli 2017.

Hirsch, Larissa. »The Basics of Braces.« *KidsHealth.* Nemours Foundation. http://kidshealth.org/en/parents/braces.html. Abgerufen im März 2016.

»How Much Sun Is Enough?« *SunSmart.* Cancer Council Victoria. www.sunsmart.com.au/uv-sun-protection/how-much-sun-is-enough. Abgerufen am 24. Januar 2018.

Konie, Robin. »Your Body Needs Fat. Learn Why.« *Thank Your Body.* www.thankyourbody.com/why-your-body-needs-fat/. Abgerufen am 24. Januar 2018.

Lamb, Philina. »Checkup on Health.« *UC Davis Health.* www.ucdmc.ucdavis.edu/welcome/features/20090909 _ teen_acne. Abgerufen am 24. Januar 2018.

Matz, Judith. »9 Common Mistakes Parents Make About Their Kids' Weight.« *The Body Is Not an Apology.* https://thebodyisnotanapology.com/magazine/9-common-mistakes-parents-make-about-their-kids-weight. Abgerufen am 11. November 2017.

»Nail Care: Grooming, Manicures & Problems.« *Sutter Health.* Palo Alto Medical Foundation. www.pamf.org/teen/health/skin/nails.html. Abgerufen am 24. Januar 2018.

Page, Max. »Bearded Woman Beats the Bullies, Says Facial Hair Makes Her Feel ›Beautiful‹.« *Popdust.* www.popdust.com/bearded-woman-beats-the-bullies-says -facial-hair-makes-her-feel-beauti-1889836686.html. Abgerufen am 19. Februar 2014.

»Puberty: Adolescent Female.« *Stanford Children's Health.* www.stanfordchildrens.org/en/topic/default?id=puberty-adolescent-female-90-P01635. Abgerufen am 24. Januar 2018.

Quinn, Jessie. »Teens and Skin Care: How Puberty Can Affect Your Skin.« *Skincare.* L'Oreal USA. www.skincare.com/article/teens-skin-care-how-puberty-can-affect-your-skin. Abgerufen am 24. Juni 2016.

Shroff, Amita. »Girls and Puberty.« *WebMD.* WebMD, LLC. 20. März 2016. https://teens.webmd.com/girls/facts-about -puberty-girls#1. Abgerufen am 24. Januar 2018.

Stoppler, Melissa C. »Puberty.« *MedicineNet.com.* MedicineNet. www.medicinenet.com/puberty/article.htm. Abgerufen am 1. August 2016.

»Sweating and Body Odour.« *Women's and Children's Health Network.* www.cyh.com/HealthTopics / HealthTopicDetailsKids.aspx?p=335&np=289&id=3049. Abgerufen am 12. Dezember 2016.

»Tips for Taking Care of Your Skin.« *KidsHealth.* Nemours Foundation. http://kidshealth.org/en/teens/skin-tips.html. Abgerufen am 24. Januar 2018.

»What Is Scoliosis?« *KidsHealth.* Nemours Foundation. http://kidshealth.org/en/teens/scoliosis.html. Abgerufen am 24. Januar 2018.

Kapitel 3

»What to expect when your breasts bud.« *Girlology & Guyology.* https://girlology.com/programs/collection-v5ln2pgj7jy?categoryId=13488&permalink=017_000-v00-promo-what-to-expect-when-your-breasts-budmp4-c6ce17. Abgerufen am 24. Januar 2018.

Kapitel 4

Fsuyker [Mirella Di Persio]. »First Vaginal Discharge: What Teens Should Know.« *The Healthy Vagina.* Multi-Gyn. www.healthyvagina.com/?p=758. Abgerufen am 9. Januar 2014.

»What's Vaginal Discharge?« *KidsHealth.* Nemours Foundation. Zuletzt aktualisiert im Januar 2015. http://kidshealth.org/en/kids/discharge.html.

Kapitel 5

»All About Menstruation.« *TeensHealth.* Nemours Foundation. http://kidshealth.org/en/teens/menstruation.html#. Abgerufen am 24. Januar 2018.

»Liner FAQs.« *U by Kotex.* Kimberly-Clark Worldwide, Inc., www.ubykotex.com.au/femcare-products/liners/faqs. Abgerufen am 24. Januar 2018.

Lunapads. Lunapads.com. 2018. https://lunapads.com. Abgerufen am 24. Januar 2018.

MacMillen, Hayley. »Does the Moon Affect Your Period?« *Refinery29.* http://www.refinery29.com/2014/07/71005/full-moon#slide-5. Abgerufen am 20. Juni 2016.

»Medical Definition of Uterus.« *MedicineNet.com.* MedicineNet. www.medicinenet.com/script/main/art.asp?articlekey=5918. Abgerufen am 13. Mai 2016.

»Pads and Tampons.« *KidsHealth.* Nemours Foundation. Zuletzt aktualisiert im Januar 2014. http://kidshealth.org/en/kids /pads-tampons.html.

Sargis, Robert M. »An Overview of the Ovaries.« *EndocrineWeb.* Vertical Health. https://www.endocrineweb.com/endocrinology/overview-ovaries. Abgerufen am 8. April 2015.

»Using Your First Tampon.« Center for Young Women's Health, Boston Children's Hospital. https://youngwomenshealth.org/2012/09/27/tampons. Abgerufen am 25. Juli 2016.

»When to Talk to Your Daughter Regarding First Period.« *Sofy.* Unicharm Corporation. https://in.sofyclub.com/en/advice/forparents/05.html. Abgerufen am 24. Januar 2018.

Winters, Leigha. »Tampons.« *Sutter Health.* Palo Alto Medical Foundation. Zuletzt überarbeitet im Oktober

2013. www.pamf.org/teen/health/femalehealth/periods/tampons.html.

»Your First Period (Especially for Teens).« *Frequently Asked Questions Especially for Teens.* American College of Obstetricians and Gynecologists, Mai 2015. www.acog.org/Patients/FAQs/Your-First-Period-Especially-for-Teens#menstrual.

Kapitel 6

Adams, Lawrence. »Does Nutrition Affect Puberty?« *Livestrong.com.* Leaf Group Ltd. 13. Juni 2017. www.livestrong.com/article/540730-does-nutrition-affect-puberty.

Bordessa, Kris. »18 Get-Off-the-Couch Games.« *Parenting.com.* Meredith Corporation. http://www.parenting.com/gallery/18-fun-active-indoor-activities?page=9. Abgerufen am 27. Januar 2018.

Brittney, Lynn. »Teenager's Problems with Allergies.« SafeKids. 13. Mai 2012. www.safekids.co.uk/teenagersallergyproblems.html.

Carter, Kevin A., Nathanael E. Hathaway und Christine F. Lettieri. »Common Sleep Disorders in Children.« *American Family Physician 89*, Nr. 5 (2014): S. 368–77. https://www.

aafp .org/afp/2014/0301/p368.pdf. Abgerufen am 27. Januar 2018.

»Common Sleep Problems.« *KidsHealth*. Nemours Foundation. Zuletzt überarbeitet im August 2014. http://kidshealth.org/en/teens/sleep.html.

DeCesare, Leah. »6 Sleep Tips for Tweens and Teens.« Mother's Circle, LLC. http://motherscircle.net/6-sleep-tips-for-tweens-and-teens. Abgerufen am 27. Januar 2018.

»Exercise Safely.« *Women's and Children's Health Network*. Government of South Australia. www.cyh.com/HealthTopics/HealthTopicDetailsKids.aspx?p=335&np=285&id=1455. Abgerufen am 23. Oktober 2017.

Fader, Anna. »25 Exercise Games and Indoor Activities to Get Kids Moving.« Mommy Poppins. https://mommypoppins.com/newyorkcitykids/25-exercise-games-indoor-activities-for-kids. Abgerufen am 17. Februar 2016.

Friedlander, Whitney. »Nutrition for Kids During Puberty.« *Mom.me*. Whalerock Digital Media LLC. https://mom.me/lifestyle/4907-nutrition-kids-during-puberty. Abgerufen am 6. Dezember 2012.

Henderson, Laura W. »Food and Vitamins for Puberty.« *Livestrong.com*. Leaf Group Ltd. https://www.livestrong.com/article/112085-physical-development-adolescence. Abgerufen am 3. Oktober 2017.

Holecko, Catherine. »Fitness During Puberty.« *Verywell.com*. Very Well Family. Zuletzt aktualisiert am 21. Dezember 2017. www.verywell.com/fitness-during-puberty-1257328.

Stang, Jamie und Mary Story. »Guidelines for Adolescent Nutrition Services.« Center for Leadership, Education and Training in Maternal and Child Nutrition, Division of Epidemiology and Community Health, School of Public Health. University of Minnesota, 2005.

»Tween Sleep Facts.« *Family Education.* Sandbox Networks, Inc. https://www.familyeducation.com/life/preteen-tween-sleep/tween-sleep-facts. Abgerufen am 27. Januar 2018.

Kapitel 7

»Tips for Managing Your Emotions.« *Lil-Lets Teens*. Lil-Lets UK Limited. http://www.becomingateen.co.uk/advice-blog/articles/managing-your-emotions. Abgerufen am 27. Januar 2018.

REGISTER

R

S

T

V

W

Z

DANK

Den rauen Weg der Pubertät durch dieses Buch noch einmal zu erleben, war eine ziemlich aufregende Reise. Ich hoffe sehr, dass dieses Buch es mindestens einem Mädchen ermöglicht, erwachsen zu werden, ohne sich für ihren Körper zu schämen. Diese Reise wäre ohne die Unterstützung meiner neuen Gemeinschaft in Aotearoa (Bezeichnung der Maori für Neuseeland) nicht möglich gewesen. **Mein Dank geht an Alina und Mandy**, Rod und Lyn, Matthew und Brian und an Anna. Sie haben mich in ruhigen, schönen Räumen untergebracht, die mir den nötigen Freiraum gaben, um dieses Buch in Neuseeland zu Ende zu schreiben. Ich danke Kiterangi Cameron, die mich immer wieder motiviert hat und mich das Wort für Buch in der Sprache der Maori gelehrt hat: *pukapuka*.

Ich bin meiner Familie und meinen Freunden unendlich dankbar, die mir durch die Magie der Technik mit

Videochats und Videobotschaften geholfen haben, mich weniger allein zu fühlen. Und natürlich danke ich auch den Millionen von Mädchen, die jeden Tag aufwachen und üben, sich selbst zu lieben, in einer Welt, die es ihnen nicht immer leicht macht. Ich liebe euch radikal!

ÜBER DIE AUTORIN

Sonya Renee Taylor ist die Gründerin und Geschäftsführerin von TheBodyIsNotAnApology.com, einem digitalen Medien- und Bildungsunternehmen, das radikale Selbstliebe und die Stärkung des Körpergefühls als grundlegende Instrumente für soziale Gerechtigkeit und globale Veränderung begreift. Sonya ist außerdem eine mit internationalen Preisen ausgezeichnete Performance-Dichterin, Aktivistin, Speakerin und transformationale Führungspersönlichkeit, deren Arbeit weltweit Beachtung findet. Sie ist in den Vereinigten Staaten, in Neuseeland, Australien, England, Schottland, Schweden, Deutschland, Brasilien, Kanada und den Niederlanden aufgetreten. Sonya und ihre Arbeit wurden in vielen Medien gesehen, gehört und gelesen: HBO, MTV, TV One, CNN, der *New York Times*, dem *New York Magazine*, MSNBC.com, Today.com, der *Huffington Post*, der *Vogue Australia*,

Shape.com, dem *Ms. Magazine* und anderen. Zurzeit lebt sie in Kalifornien und Neuseeland. In Neuseeland gehört sie zu den ersten Stipendiatinnen des Edmund-Hillary-Stipendiums für Menschen, die globale Veränderungen bewirken. Unter SonyaReneeTaylor.com und TheBodyIsNotAnApology.com erfährst du mehr über ihre Arbeit.

WEITERE TITEL DER MÜNCHNER VERLAGSGRUPPE